住民行政の窓

増刊号

地方公共団体情報システムの標準化に関する資料集

はじめに

平素より「住民行政の窓」をご愛読賜り誠にありがとうございます。

令和三年五月一二日、地方公共団体情報システムの標準化に関する法律（令和三年法律第四十号。以下「法」という。）が成立し、同年五月十九日に公布され、同年九月一日に施行されました。

法に基づき、標準化対象事務を定めた地方公共団体情報システムの標準化に関する法律第二条第一項に規定する標準化対象事務を定める政令（令和四年政令第一号）及び地方公共団体情報システムの標準化に関する法律第二条第一項に規定する標準化対象事務を定める政令に規定するデジタル庁令・総務省令で定める事務を定める命令（令和四年デジタル庁・総務省令第一号）が令和四年一月四日に公布・施行され、地方公共団体情報システム標準化基本方針が令和四年一〇月七日に閣議決定されています。

また、法第九条第二項に基づき国から地方公共団体に対し行う地方公共団体情報システムの標準化のために必要な助言、情報の提供の一つとして「自治体情報システムの標準化・共通化に係る手順書」を示すとともに、法第十一条に基づく地方公共団体情報システムの標準化のために必要な財政上の措置として、国からの補助により地方公共団体情報システム機構に造成した「デジタル基盤改革支援基金」から、地方公共団体に対し「デジタル基盤改革支援補助金（地方公共団体情報システムの標準化・共通化に係る事業）」を交付しているところです。

地方公共団体情報システムの標準化・共通化の取組については、基幹業務システムを利用する地方公共団体が、令和7年度までにガバメントクラウドを活用した標準準拠システムに移行できる環境を整備することが目標とされています。この移行に向けて、地方公共団体の情報システムに携わっておられる方や住民基本台帳事務等の実務に携わっておられる方々をはじめとする関係者の方々の関心が高まっていることから、本誌においては地方公共団体情報システムの標準化に係る法令、閣議決定、通知等のうち主なものをまとめることとしました。

　この増刊号が各地方公共団体関係者の皆さまにいささかなりともお役立ちますれば、これに過ぎるものはございません。

令和五年一月

住民行政の窓　編集部

目次

第一

地方公共団体情報システムの標準化に関する法律等の概要

地方公共団体情報システムの標準化に関する法律（令和3年法律第40号）の概要

趣旨

国民が行政手続において情報通信技術の便益を享受できる環境を整備するとともに、情報通信技術の効果的な活用により持続可能な行政運営を確立することが国及び地方公共団体の喫緊の課題であることに鑑み、地方公共団体情報システムの標準化について、基本方針及び地方公共団体情報システムに必要とされる機能等についての基準の策定その他の**地方公共団体情報システムの標準化を推進するために必要な事項を定める。**

概要

① 情報システムの標準化の対象範囲

・ 各地方公共団体における事務の処理の内容の共通性、住民の利便性の向上及び地方公共団体の行政運営の効率化の観点から、標準化の対象となる事務を政令で特定

※ 児童手当、子ども・子育て支援、住民基本台帳、戸籍の附票、印鑑登録、選挙人名簿管理、固定資産税、個人住民税、法人住民税、軽自動車税、戸籍、就学、健康管理、児童扶養手当、生活保護、障害者福祉、介護保険、国民健康保険、後期高齢者医療、国民年金

② 国による基本方針の作成

・ 政府は、地方公共団体の情報システムの標準化の推進について、基本方針を作成

・ 内閣総理大臣、総務大臣及び所管大臣が、関係行政機関の長に協議、知事会・市長会・町村会等から意見聴取の上、方針案を作成

③ 情報システムの基準の策定

・ 所管大臣は、①の事務の処理に利用する情報システムの標準化のための基準（省令）を策定

・ 内閣総理大臣及び総務大臣は、データ連携、サイバーセキュリティ、クラウド利用等各情報システムに共通の事項の基準（省令）を策定

・ 策定時に地方公共団体等の意見反映のための措置を実施

④ 基準に適合した情報システムの利用

・ 地方公共団体が①の事務の処理に利用する情報システムは、③の省令で定める期間内に基準に適合することが必要

・ ①の事務と一体的に処理することが効率的である場合に、基準に適合する情報システムの機能等について、①の事務以外の事務を処理するために必要な最小限度の追加等が可能

⑤ その他の措置

・ 地方公共団体は、国による全国的なクラウド活用の環境整備の状況を踏まえつつ、当該環境においてクラウドを活用して情報システムを利用するよう努める。

・ 国は、標準化のために必要な財政措置を講ずるよう努めるとともに、地方公共団体が基準への適合を判断するための支援等を実施

⑥ 施行期日等

・ 令和３年９月１日

・ 法律の施行後５年を経過した場合において、法律の施行の状況について検討を加え、その結果に基づいて必要な措置を講ずる

地方公共団体情報システムの標準化に関する法律第二条第一項に規定する標準化対象事務を定める政令及び同令に規定するデジタル庁令・総務省令で定める事務を定める命令の概要

趣旨

地方公共団体情報システムの標準化に関する法律（令和３年法律第40号。以下「標準化法」という。）第２条第１項の規定に基づき、標準化対象事務（ 情報システムによる処理の内容が各地方公共団体において共通し、かつ、統一的な基準に適合する情報システムを利用して処理することが住民の利便性の向上及び地方公共団体の行政運営の効率化に寄与する事務として政令で定める事務）**を定める。**

概要

○標準化対象事務は、累次の閣議決定において標準化の対象業務とされてきた17業務に、**戸籍、戸籍の附票及び印鑑登録の３業務**を加え、以下の**20業務**とする。

①児童手当、②子ども・子育て支援、③住民基本台帳、④戸籍の附票、⑤印鑑登録、 ⑥選挙人名簿管理、 ⑦固定資産税、⑧個人住民税、⑨法人住民税、⑩軽自動車税、⑪戸籍、⑫就学、⑬健康管理、⑭児童扶養手当、⑮生活保護、⑯障害者福祉、⑰介護保険、⑱国民健康保険、⑲後期高齢者医療、⑳国民年金

○ **政令においては抽象的な事務・業務分野を示しつつ、対象事務の詳細は命令に委任することとする。**

なお、命令で定める対象事務の詳細については、標準仕様書の策定時期に応じて以下のとおり規定する。

（１）令和３年度までに標準仕様書を作成済の事務（ ③、⑤、⑦、⑧、⑨、⑩、⑫、⑯、⑰）

標準仕様書において対象事務が具体的に特定されていることから、命令においては、当該事務の根拠条文を引用して規定する。

（２）令和4年夏までに標準仕様書を作成する事務（ ①、②、④、⑥、⑪、⑬、⑭、⑮、⑱、⑲、⑳）

今後公表される予定の標準仕様書において対象事務が具体的に特定されることから、今般定める命令においては、政令案と同様に抽象的な事務・業務分野を規定する。

○ 施行期日：公布の日から施行する。

ただし、⑦から⑩に関して規定した地方税に関する事項（森林環境税の賦課徴収に関する事務に係る部分に限る。）については、令和6年1月１日から施行する。

スケジュール

政令の公布・施行：令和４年１月４日（火）

政令で定める主な標準化対象事務

①児童手当
・児童手当又は特例給付の支給に関する事務

②子ども・子育て支援
・子どものための教育・保育給付若しくは子育てのための施設等利用給付の支給、特定教育・保育施設、特定地域型保育事業者若しくは特定子ども・子育て支援施設等の確認又は地域子ども・子育て支援事業の実施に関する事務

③住民基本台帳
・住民基本台帳に関する事務
・中長期在留者の住居地の届出又は外国人住民に係る住民票の記載等についての通知に関する事務
・特別永住者の住居地の届出に関する事務
・個人番号の指定に関する事務
・住居表示に係る事項の通知に関する事務

④戸籍の附票
・戸籍の附票に関する事務

⑤印鑑登録
・印鑑に関する証明書の交付に関する事務

⑥選挙人名簿管理
・選挙人名簿又は在外選挙人名簿に関する事務
・投票人名簿又は在外投票人名簿に関する事務

⑦、⑧、⑨、⑩　地方税
・個人の道府県民税（都民税を含む。）若しくは市町村民税（特別区民税を含む。）、法人の市町村民税、固定資産税、軽自動車税、都市計画税又は森林環境税の賦課徴収に関する事務

⑪戸籍
・戸籍に関する事務

⑫就学
・就学義務の猶予若しくは免除又は就学困難と認められる学齢児童若しくは学齢生徒の保護者に対する必要な援助に関する事務
・学齢簿に関する事務
・就学時の健康診断に関する事務

⑬健康管理
・健康教育、健康相談その他の国民の健康の増進を図るための措置に関する事務
・母性並びに乳児及び幼児に対する保健指導、健康診査、医療その他の措置に関する事務
・予防接種の実施に関する事務

⑭児童扶養手当
・児童扶養手当の支給に関する事務

⑮生活保護
・生活保護の決定及び実施又は就労自立給付金若しくは進学準備給付金の支給に関する事務

⑯障害者福祉
・障害児通所給付費、特例障害児通所給付費、高額障害児通所給付費、肢体不自由児通所医療費、障害児相談支援給付費又は特例障害児相談支援給付費の支給に関する事務
・特別児童扶養手当、障害児福祉手当又は特別障害者手当の支給に関する事務
・福祉手当の支給に関する事務
・自立支援給付の支給に関する事務

⑰介護保険
・介護保険に関する事務

⑱国民健康保険
・被保険者の資格の取得若しくは喪失、保険給付の実施又は保険料の賦課及び徴収に関する事務

⑲後期高齢者医療
・被保険者の資格の取得若しくは喪失又は保険料の徴収に関する事務

⑳国民年金
・被保険者の資格の取得若しくは喪失、年金である給付若しくは一時金の支給、付加保険料の納付又は保険料の免除に関する事務

※その他 ①～⑳までの事務に附帯する事務

第二

地方公共団体情報システムの標準化に関する法律

地方公共団体情報システムの標準化に関する法律

目次

第一章　総則

（目的）

第一条　この法律は、国民が行政手続において情報通信技術の便益を享受できる環境を整備するとともに、情報通信技術の効果的な活用により持続可能な行政運営を確立することが国及び地方公共団体の喫緊の課題であることに鑑み、地方公共団体情報システムの標準化に関し、基本理念を定め、並びに国及び地方公共団体の責務を明らかにするとともに、基本方針及び地方公共団体情報システムに必要とされる機能等についての基準の策定その他の地方公共団体情報システムの標準化を推進するために必要な事項を定め、もって住民の利便性の向上及び地方公共団体の行政運営の効率化に寄与することを目的とする。

（定義）

第二条　この法律において「地方公共団体情報システム」とは、地方公共団体が利用する情報システムであって、情報システムによる処理の内容が各地方公共団体において共通し、かつ、統一的な基準に適合する情報システムを利用して処理することが住民の利便性の向上及び地方公共団体の行政運営の効率化に寄与する事務として政令で定める事務（以下「標準化対象事務」という。）の処理に係るものをいう。

2　この法律において「機能等」とは、地方公共団体情報システムの標準化のための統一的な基準を定めるべき情報システムの機能、電磁的記録（電子的方式、磁気的方式その他人の知覚によっては認識することができない方式で作られる記録であって、電子計算機による情報処理の用に供されるものをいう。以下この項及び第五条第二項第三号イにおいて同じ。）の電子計算機の映像面への表示の方法、電磁的記録を出力する書面の様式、電磁的記録において用いられる用語、符号その他の事項、サイバーセキュリティ（サイバーセキュリティ基本法（平成二十六年法律第百四号）第二条に規定するサイバーセキュリティをいう。同号ロにおいて同じ。）に係る事項、クラウド・コンピューティング・サービス関連技術（官民データ活用推進基本法

（平成二十八年法律第百三号）第二条第四項に規定するクラウド・コンピューティング・サービス関連技術をいう。同号ハ及び第十条において同じ。）を活用した情報システムの利用に係る事項及び情報システムの保守又は管理に係る事項をいう。

3　この法律において「地方公共団体情報システムの標準化」とは、住民の利便性の向上、地方公共団体の行政運営の効率化及び地方公共団体情報システムに係る互換性の確保のため、地方公共団体情報システムに必要とされる機能等についての統一的な基準に適合した地方公共団体情報システムを地方公共団体が利用することをいう。

（基本理念）

第三条　地方公共団体情報システムの標準化の推進及び実施は、情報通信技術を活用した行政の推進等に関する法律（平成十四年法律第百五十一号）、行政手続における特定の個人を識別するための番号の利用等に関する法律（平成二十五年法律第二十七号）、官民データ活用推進基本法及びデジタル社会形成基本法（令和三年法律第三十五号）その他の関係法律による施策と相まって、地方公共団体における情報通信技術を活用した行政の推進を図り、もって住民の利便性の向上及び地方公共団体の行政運営の効率化に寄与することを旨として、行われなければならない。

（国及び地方公共団体の責務）

第四条　国は、前条の基本理念にのっとり、地方公共団体情報システムの標準化の推進に関する施策を総合的に講ずる責務を有する。

2　地方公共団体は、前条の基本理念にのっとり、国との連携を図りつつ、地方公共団体情報システムの標準化を実施する責務を有する。

第二章　基本方針

第五条　政府は、地方公共団体情報システムの標準化の推進を図るための基本的な方針（以下この条において「基本方針」という。）を定めなければならない。

2　基本方針には、次に掲げる事項を定めるものとする。

一　地方公共団体情報システムの標準化の意義及び目標に関する事項

二　地方公共団体情報システムの標準化の推進のために政府が実施すべき施策に関する基本的な方針

三　各地方公共団体情報システムに共通する基準を定めるべき次に掲げる事項に関する基本的な事項

イ　電磁的記録において用いられる用語及び符号の相互運用性の確保その他の地方公共団体情報システムに係る互換性の確保に係る事項

ロ　サイバーセキュリティに係る事項
ハ　クラウド・コンピューティング・サービス関連技術を活用した地方公共団体情報システムの利用に係る事項
ニ　イからハまでに掲げるもののほか、各地方公共団体情報システムに共通する基準を定めるべき事項
四　次条第一項及び第七条第一項の基準（以下「標準化基準」という。）の策定の方法及び時期その他の標準化基準の策定に関する基本的な事項
五　前各号に掲げるもののほか、地方公共団体情報システムの標準化の推進に関し必要な事項

3　内閣総理大臣、総務大臣及び所管大臣（標準化対象事務に係る法令又は事務を所管する大臣をいう。以下この条及び次条において同じ。）は、基本方針の案を作成し、閣議の決定を求めなければならない。

4　内閣総理大臣、総務大臣及び所管大臣は、基本方針の案を作成しようとするときは、あらかじめ、関係行政機関の長に協議するとともに、都道府県知事、市長又は町村長の全国的連合組織（地方自治法（昭和二十二年法律第六十七号）第二百六十三条の三第一項に規定する全国的連合組織で同項の規定による届出をしたものをいう。）その他の関係者の意見を聴かなければならない。

5　内閣総理大臣、総務大臣及び所管大臣は、第三項の規定による閣議の決定があったときは、遅滞なく、基本方針を公表しなければならない。

6　前三項の規定は、基本方針の変更について準用する。

第三章　標準化基準等

（地方公共団体情報システムの標準化のための基準）

第六条　所管大臣は、その所管する標準化対象事務に係る法令又は事務に係る地方公共団体情報システムに必要とされる機能等（前条第二項第三号イからニまでに掲げる事項を除く。）について、主務省令（所管大臣の発する命令をいう。）で、地方公共団体情報システムの標準化のため必要な基準を定めなければならない。

2　所管大臣は、標準化対象事務に関する制度の見直し及び情報通信技術の進展その他の情報システムを取り巻く環境の変化を勘案し、前項の基準に検討を加え、必要があると認めるときは、これを変更しなければならない。

3　所管大臣は、第一項の基準を定め、又は変更しようとするときは、あらかじめ、内閣総理大臣及び総務大臣に協議するとともに、地方公共団体その他の関係者の意見を反映させるために必要な措置を講じなければならない。

（各地方公共団体情報システムに共通する基準）

第七条　内閣総理大臣及び総務大臣は、第五条第二項第三号

イから二までに掲げる事項について、デジタル庁令・総務省令で、地方公共団体情報システムの標準化のため必要な基準を定めなければならない。

2　内閣総理大臣及び総務大臣は、情報通信技術の進展その他の情報システムを取り巻く環境の変化を勘案し、前項の基準に検討を加え、必要があると認めるときは、これを変更しなければならない。

3　内閣総理大臣及び総務大臣は、第一項の基準を定め、又は変更しようとするときは、あらかじめ、地方公共団体その他の関係者の意見を反映させるために必要な措置を講じなければならない。

（標準化基準に適合する地方公共団体情報システムの利用）

第八条　地方公共団体情報システムは、標準化基準に適合するものでなければならない。

2　地方公共団体は、標準化対象事務以外の事務を地方公共団体情報システムを利用して一体的に処理することが効率的であると認めるときは、前項の規定にかかわらず、当該地方公共団体情報システムに係る互換性が確保される場合に限り、標準化基準に適合する当該地方公共団体情報システムの機能等について当該事務を処理するため必要な最小限度の改変又は追加を行うことができる。

第四章　補則

（国の措置等）

第九条　国は、地方公共団体情報システムが標準化基準に適合しているかどうかの確認を地方公共団体が円滑に実施できるようにするために必要な措置を講ずるものとする。

2　国は、地方公共団体における地方公共団体情報システムの標準化の状況を把握するための調査を行うとともに、地方公共団体に対し、地方公共団体情報システムの標準化のために必要な助言、情報の提供その他の措置を講ずるものとする。

3　都道府県は、市町村（特別区を含む。）に対し、地方公共団体情報システムの標準化のために必要な助言、情報の提供その他の措置を講ずるよう努めるものとする。

（クラウド・コンピューティング・サービス関連技術の活用）

第十条　地方公共団体は、デジタル社会形成基本法第二十九条に規定する国による環境の整備に関する措置の状況を踏まえつつ、当該環境においてクラウド・コンピューティング・サービス関連技術を活用して地方公共団体情報システムを利用するよう努めるものとする。

（財政上の措置）

第十一条　国は、地方公共団体情報システムの標準化のために必要な財政上の措置を講ずるよう努めるものとする。

（経過措置）

第十二条　この法律の規定に基づき命令を制定し、又は改廃する場合においては、その命令で、その制定又は改廃に伴い合理的に必要と判断される範囲内において、所要の経過措置を定めることができる。

（政令への委任）

第十三条　この法律に定めるもののほか、この法律の実施のため必要な事項は、政令で定める。

附　則

（施行期日）

1　この法律は、令和三年九月一日から施行する。

（検討）

2　政府は、この法律の施行後五年を経過した場合において、この法律の施行の状況について検討を加え、その結果に基づいて必要な措置を講ずるものとする。

理　由

国民が行政手続において情報通信技術の便益を享受できる環境を整備するとともに、情報通信技術の効果的な活用により持続可能な行政運営を確立することが国及び地方公共団体の喫緊の課題であることに鑑み、地方公共団体情報システムの標準化について、基本方針及び地方公共団体情報システムに必要とされる機能等についての基準の策定その他の地方公共団体情報システムの標準化を推進するために必要な事項を定める必要がある。これが、この法律案を提出する理由である。

第三

地方公共団体情報システムの標準化に関する法律第二条第一項に規定する標準化対象事務を定める政令、同令に規定するデジタル庁令・総務省令で定める事務を定める命令

○政令第一号

地方公共団体情報システムの標準化に関する法律第二条第一項に規定する標準化対象事務を定める政令

内閣は、地方公共団体情報システムの標準化に関する法律（令和三年法律第四十号）第二条第一項の規定に基づき、この政令を制定する。

地方公共団体情報システムの標準化に関する法律第二条第一項に規定する政令で定める事務は、次に掲げるものとする。

一　児童手当法（昭和四十六年法律第七十三号）による児童手当又は特例給付（同法附則第二条第一項に規定する給付をいう。）の支給に関する事務であってデジタル庁令・総務省令で定めるもの

二　子ども・子育て支援法（平成二十四年法律第六十五号）による子どものための教育・保育給付若しくは子育てのための施設等利用給付の支給、特定教育・保育施設、特定地域型保育事業者若しくは特定子ども・子育て支援施設等の確認又は地域子ども・子育て支援事業の実施に関する事務であってデジタル庁令・総務省令で定めるもの

三　住民基本台帳法（昭和四十二年法律第八十一号）による住民基本台帳に関する事務（第八号に掲げるものを除く。）、出入国管理及び難民認定法（昭和二十六年政令第三百十九号）による中長期在留者の住居地の届出若しくは外国人住民に係る住民票の記載等についての通知に関する事務、日本国との平和条約に基づき日本の国籍を離脱した者等の出入国管理に関する特例法（平成三年法律第七十一号）による特別永住者の住居地の届出に関する事務、行政手続における特定の個人を識別するための番号の利用等に関する法律（平成二十五年法律第二十七号）による個人番号の指定に関する事務又は住居表示に関する法律（昭和三十七年法律第百十九号）による住居表示に係る事項の通知に関する事務であってデジタル庁令・総務省令で定めるもの

四　住民基本台帳法による戸籍の附票に関する事務であってデジタル庁令・総務省令で定めるもの

五　市町村長（特別区の区長を含むものとし、地方自治法（昭和二十二年法律第六十七号）第二百五十二条の十九第一項の指定都市にあっては、市長又は区長若しくは総合区長とする。）が作成する印鑑に関する証明書の交付に関する事務

六　公職選挙法（昭和二十五年法律第百号）による選挙人名簿若しくは在外選挙人名簿に関する事務又は日本国憲法の改正手続に関する法律（平成十九年法律第五十一号）による投票人名簿若しくは在外投票人名簿に関する

事務であってデジタル庁令・総務省令で定めるもの

七　地方税法（昭和二十五年法律第二百二十六号）その他の地方税に関する法律及びこれらの法律に基づく条例又は森林環境税及び森林環境譲与税に関する法律（平成三十一年法律第三号）による個人の道府県民税（都民税を含む。）若しくは市町村民税（特別区民税を含む。）、法人の市町村民税、固定資産税、軽自動車税、都市計画税又は森林環境税の賦課徴収に関する事務であってデジタル庁令・総務省令で定めるもの

八　戸籍法（昭和二十二年法律第二百二十四号）による戸籍に関する事務又は住民基本台帳法による住民基本台帳に関する事務（同法第九条第二項の規定による通知に関する事務に限る。）であってデジタル庁令・総務省令で定めるもの

九　学校教育法（昭和二十二年法律第二十六号）による就学義務の猶予若しくは免除若しくは経済的理由によって就学困難と認められる学齢児童若しくは学齢生徒の保護者に対する必要な援助に関する事務、学校教育法施行令（昭和二十八年政令第三百四十号）による学齢簿に関する事務又は学校保健安全法（昭和三十三年法律第五十六号）による就学時の健康診断に関する事務であってデジタル庁令・総務省令で定めるもの

十　健康増進法（平成十四年法律第百三号）による健康教育、健康相談その他の国民の健康の増進を図るための措置に関する事務、母子保健法（昭和四十年法律第百四十一号）による母性並びに乳児及び幼児に対する保健指導、健康診査、医療その他の措置に関する事務又は予防接種法（昭和二十三年法律第六十八号）による予防接種の実施に関する事務であってデジタル庁令・総務省令で定めるもの

十一　児童扶養手当法（昭和三十六年法律第二百三十八号）による児童扶養手当の支給に関する事務であってデジタル庁令・総務省令で定めるもの

十二　生活保護法（昭和二十五年法律第百四十四号）による保護の決定及び実施又は就労自立給付金若しくは進学準備給付金の支給に関する事務であってデジタル庁令・総務省令で定めるもの

十三　児童福祉法（昭和二十二年法律第百六十四号）による障害児通所給付費、特例障害児通所給付費、高額障害児通所給付費、肢体不自由児通所医療費、障害児相談支援給付費若しくは特例障害児相談支援給付費の支給に関する事務、特別児童扶養手当等の支給に関する法律（昭和三十九年法律第百三十四号）による特別児童扶養手当、障害児福祉手当若しくは特別障害者手当の支給に関する事務、国民年金法等の一部を改正する法律（昭和六十年法律第三十四号）附則第九十七条第一項の福祉手当の支

給に関する事務又は障害者の日常生活及び社会生活を総合的に支援するための法律（平成十七年法律第百二十三号）による自立支援給付の支給に関する事務であってデジタル庁令・総務省令で定めるもの

十四　介護保険法（平成九年法律第百二十三号）又は介護保険法施行法（平成九年法律第百二十四号）による介護保険に関する事務であってデジタル庁令・総務省令で定めるもの

十五　国民健康保険法（昭和三十三年法律第百九十二号）による被保険者の資格の取得若しくは喪失、保険給付の実施又は保険料（地方税法の規定による国民健康保険税を含む。）の賦課及び徴収に関する事務であってデジタル庁令・総務省令で定めるもの

十六　高齢者の医療の確保に関する法律（昭和五十七年法律第八十号）による被保険者の資格の取得若しくは喪失又は保険料の徴収に関する事務であってデジタル庁令・総務省令で定めるもの

十七　国民年金法（昭和三十四年法律第百四十一号）による被保険者の資格の取得若しくは喪失、年金である給付若しくは一時金の支給、付加保険料の納付又は保険料の免除に関する事務であってデジタル庁令・総務省令で定めるもの

十八　前各号に掲げる事務に附帯する事務

附　則

この政令は、公布の日から施行する。ただし、第七号（森林環境税の賦課徴収に関する事務に係る部分に限る。）の規定は、令和六年一月一日から施行する。

理　由

地方公共団体情報システムの標準化に関する法律の施行に伴い、標準化対象事務を定める必要があるからである。

○デジタル庁
　総務省　令第一号

地方公共団体情報システムの標準化に関する法律第二条第一項に規定する標準化対象事務を定める政令に規定するデジタル庁令・総務省令で定める事務を定める命令

（令第一号のデジタル庁令・総務省令で定める事務）

第一条　地方公共団体情報システムの標準化に関する法律第二条第一項に規定する標準化対象事務を定める政令（以下「令」という。）第一号のデジタル庁令・総務省令で定める事務は、児童手当法（昭和四十六年法律第七十三号）による児童手当又は特例給付（同法附則第二条第一項に規定する給付をいう。）の支給（同法第十七条第一項に規定する公務員である同法第七条第一項に規定する一般受給資格者に関するものを除く。）に関する事務とする。

（令第二号のデジタル庁令・総務省令で定める事務）

第二条　令第二号のデジタル庁令・総務省令で定める事務は、子ども・子育て支援法（平成二十四年法律第六十五号）による子どものための教育・保育給付若しくは子育てのための施設等利用給付の支給、特定教育・保育施設、特定地域型保育事業者若しくは特定子ども・子育て支援施設等の確認又は地域子ども・子育て支援事業（同法第五十九条第二号及び第三号ロに規定するものに限る。）の実施に関する事務とする。

（令第三号のデジタル庁令・総務省令で定める事務）

第三条　令第三号のデジタル庁令・総務省令で定める事務は、次のとおりとする。

一　住民基本台帳法（昭和四十二年法律第八十一号）第二章（第九条第二項、第十条、第十二条及び第十三条を除く。）、第四章、第四章の二（第三十条の二を除く。）、第四章の三又は第三十七条の規定による住民基本台帳に関する事務

二　出入国管理及び難民認定法（昭和二十六年政令第三百十九号）第十九条の七から第十九条の九までの規定による届出又は同法第六十一条の八の二の規定による通知に関する事務

三　日本国との平和条約に基づき日本の国籍を離脱した者等の出入国管理に関する特例法（平成三年法律第七十一号）第十条の規定による届出に関する事務

四　行政手続における特定の個人を識別するための番号の利用等に関する法律（平成二十五年法律第二十七号）第七条第一項若しくは第二項又は第八条第一項若しくは第二項の規定による個人番号の指定に関する事務

五　住居表示に関する法律（昭和三十七年法律第百十九号）第三条第三項の規定による通知に関する事務

（令第四号のデジタル庁令・総務省令で定める事務）

第四条　令第四号のデジタル庁令・総務省令で定める事務は、住民基本台帳法による戸籍の附票に関する事務とする。

（令第六号のデジタル庁令・総務省令で定める事務）

第五条　令第六号のデジタル庁令・総務省令で定める事務は、次のとおりとする。

一　公職選挙法（昭和二十五年法律第百号）による選挙人名簿又は在外選挙人名簿に関する事務

二　日本国憲法の改正手続に関する法律（平成十九年法律第五十一号）による投票人名簿又は在外投票人名簿に関する事務

（令第七号のデジタル庁令・総務省令で定める事務）

第六条　令第七号のデジタル庁令・総務省令で定める事務は、地方税法（昭和二十五年法律第二百二十六号）その他の地方税に関する法律及びこれらの法律に基づく条例又は森林環境税及び森林環境譲与税に関する法律（平成三十一年法律第三号）により市町村（特別区を含む。以下同じ。）が行う個人の道府県民税（都民税を含む。）若しくは市町村民税（特別区民税を含む。）、法人の市町村民税、固定資産税、軽自動車税、都市計画税又は森林環境税の課税標準の更正又は決定、税額の更正又は決定、納税の告知、督促、滞納処分その他のこれらの地方税又は森林環境税の賦課徴収に関する事務（固定資産の評価に関する事務を除く。）とする。

（令第八号のデジタル庁令・総務省令で定める事務）

第七条　令第八号のデジタル庁令・総務省令で定める事務は、次のとおりとする。

一　戸籍法（昭和二十二年法律第二百二十四号）による戸籍に関する事務

二　住民基本台帳法による住民基本台帳に関する事務（同法第九条第二項の規定による通知に関する事務に限る。）

（令第九号のデジタル庁令・総務省令で定める事務）

第八条　令第九号のデジタル庁令・総務省令で定める事務は、次のとおりとする。

一　学校教育法（昭和二十二年法律第二十六号）第十八条の規定による就学義務の猶予若しくは免除に関する事務又は同法第十九条の規定による援助に関する事務

二　学校教育法施行令（昭和二十八年政令第三百四十号）第一章（第六条の二から第六条の四まで、第十一条から第十四条まで、第十八条の二、第十九条及び第二十二条の二を除く。）の規定による学齢簿に関する事務

三　学校保健安全法（昭和三十三年法律第五十六号）第十一条又は第十二条の規定による就学時の健康診断に関する事務

（令第十号のデジタル庁令・総務省令で定める事務）

第九条　令第十号のデジタル庁令・総務省令で定める事務は、次のとおりとする。

一　健康増進法（平成十四年法律第百三号）による健康教育、健康相談その他の国民の健康の増進を図るための措置に関する事務

二　母子保健法（昭和四十年法律第百四十一号）による母性並びに乳児及び幼児に対する保健指導、健康診査、医療その他の措置に関する事務

三　予防接種法（昭和二十三年法律第六十八号）による予防接種の実施に関する事務

（令第十一号のデジタル庁令・総務省令で定める事務）

第十条　令第十一号のデジタル庁令・総務省令で定める事務は、児童扶養手当法（昭和三十六年法律第二百三十八号）による児童扶養手当の支給に関する事務とする。

（令第十二号のデジタル庁令・総務省令で定める事務）

第十一条　令第十二号のデジタル庁令・総務省令で定める事務は、生活保護法（昭和二十五年法律第百四十四号）による保護の決定及び実施又は就労自立給付金若しくは進学準備給付金の支給に関する事務とする。

（令第十三号のデジタル庁令・総務省令で定める事務）

第十二条　令第十三号のデジタル庁令・総務省令で定める事務は、次のとおりとする。

一　児童福祉法（昭和二十二年法律第百六十四号）第二十一条の五の三から第二十一条の五の九まで若しくは第二十一条の五の十一から第二十一条の五の十三までの規定による障害児通所給付費、特例障害児通所給付費若しくは高額障害児通所給付費、同法第二十一条の五の二十九の規定による肢体不自由児通所医療費、同法第二十四条の二十六の規定による障害児相談支援給付費又は同法第二十四条の二十七の規定による特例障害児相談支援給付費の支給に関する事務

二　特別児童扶養手当等の支給に関する法律（昭和三十九年法律第百三十四号）第二章の規定による特別児童扶養手当、同法第三章の規定による障害児福祉手当若しくは同法第三章の二の規定による特別障害者手当の支給、同法第三十五条の規定による届出、同法第三十六条の規定による調査又は同法第三十七条の規定による資料の提供等の求めに関する事務

三　国民年金法等の一部を改正する法律（昭和六十年法律第三十四号）附則第九十七条第一項の福祉手当の支給に関する事務

四　障害者の日常生活及び社会生活を総合的に支援するための法律（平成十七年法律第百二十三号）第二章第二節第二款から第四款まで、第二章第三節第一款若しくは第二款、第五十二条から第五十八条まで、第七十条、第七

十一条、第七十六条又は第七十六条の二の規定による自立支援給付の支給に関する事務

（令第十四号のデジタル庁令・総務省令で定める事務）

第十三条　令第十四号のデジタル庁令・総務省令で定める事務は、次のとおりとする。

一　介護保険法（平成九年法律第百二十三号）第二章から第八章まで、第十章又は第十三章の規定による介護保険に関する事務

二　健康保険法等の一部を改正する法律（平成十八年法律第八十三号）附則第百三十条の二第一項の規定によりなおその効力を有するものとされた同法第二十六条の規定による改正前の介護保険法による介護保険に関する事務

三　介護保険法施行法（平成九年法律第百二十四号）第十一条又は第十三条の規定による介護保険に関する事務

（令第十五号のデジタル庁令・総務省令で定める事務）

第十四条　令第十五号のデジタル庁令・総務省令で定める事務は、国民健康保険法（昭和三十三年法律第百九十二号）による被保険者の資格の取得若しくは喪失、保険給付の実施又は保険料（地方税法の規定による国民健康保険税を含む。）の賦課及び徴収に関する事務とする。

（令第十六号のデジタル庁令・総務省令で定める事務）

第十五条　令第十六号のデジタル庁令・総務省令で定める事務は、高齢者の医療の確保に関する法律（昭和五十七年法律第八十号）による被保険者の資格の取得若しくは喪失又は保険料の徴収に関する事務とする。

（令第十七号のデジタル庁令・総務省令で定める事務）

第十六条　令第十七号のデジタル庁令・総務省令で定める事務は、国民年金法（昭和三十四年法律第百四十一号）による被保険者の資格の取得若しくは喪失、年金である給付若しくは一時金の支給、付加保険料の納付又は保険料の免除に関する事務とする。

附　則

この命令は、公布の日から施行する。ただし、第六条（市町村が行う森林環境税の課税標準の更正又は決定、税額の更正又は決定、納税の告知、督促、滞納処分その他の森林環境税の賦課徴収に関する事務に係る部分に限る。）の規定は、令和六年一月一日から施行する。

第四

公布通知

地方公共団体情報システムの標準化に関する法律の公布について（通知）

（令和３年５月19日総行経第26号総務省自治行政局長から各都道府県知事・各都道府県議会議長・各指定都市市長・各指定都市議会議長あて通知）

第204回国会において成立した「地方公共団体情報システムの標準化に関する法律（令和３年法律第40号）」（以下「法」という。）が本日公布され，令和３年９月１日から施行することとされました。

貴職におかれては，下記事項にご留意の上，その円滑な施行に向け，格別の配慮をされるとともに，各都道府県知事におかれては，貴都道府県内の指定都市を除く市町村長及び市町村議会議長に対してもこの旨周知願います。

なお，地域の元気創造プラットフォームにおける調査・照会システムを通じて，各市町村に対して，本通知についての情報提供を行っていることを申し添えます。

また，法の施行に伴い，今後，必要な政省令の制定等を行うこととしており，これに係る留意事項については，別途通知する予定です。

なお，本通知は，地方自治法（昭和22年法律第67号）第245条の４第１項に基づく技術的な助言であることを申し添えます。

記

第一　法の概要

１　情報システムの標準化の対象範囲

「地方公共団体情報システム」とは，地方公共団体が利用する情報システムであって，情報システムによる処理の内容が各地方公共団体において共通し，かつ，統一的な基準に適合する情報システムを利用して処理することが住民の利便性の向上及び地方公共団体の行政運営の効率化に寄与する事務として政令で定める事務（以下「標準化対象事務」という。）の処理に係るものをいうこととされたこと。（第２条第１項関係）

2　基本方針

⑴　政府は，地方公共団体情報システムの標準化の推進を図るための基本的な方針（以下「基本方針」という。）を定めなければならないこととされたこと。（第５条第１項関係）

⑵　基本方針には，次に掲げる事項を定めることとされたこと。（第５条第２項関係）

ア　地方公共団体情報システムの標準化の意義及び目標に関する事項

イ　地方公共団体情報システムの標準化の推進のために政府が実施すべき施策に関する基本的な方針

ウ　各地方公共団体情報システムに共通する基準を定めるべき事項に関する基本的な事項

エ　３の⑴及び⑵の基準（以下「標準化基準」という。）の策定の方法及び時期その他の標準化基準の策定に関する基本的な事項

オ　その他地方公共団体情報システムの標準化の推進に関し必要な事項

⑶　内閣総理大臣，総務大臣及び所管大臣（標準化対象事務に係る法令又は事務を所管する大臣をいう。以下同じ。）は，基本方針の案を作成し，閣議の決定を求めなければならないこととされたこと。（第５条第３項関係）

⑷　内閣総理大臣，総務大臣及び所管大臣は，基本方針の案を作成しようとするときは，あらかじめ，関係行政機関の長に協議するとともに，都道府県知事，市長又は町村長の全国的連合組織その他の関係者の意見を聴かなければならないこととされたこと。（第５条第４項関係）

3　地方公共団体情報システムの標準化のための基準等

⑴　所管大臣は，その所管する標準化対象事務に係る法令又は事務に係る地方公共団体情報システムに必要とされる機能等（２の⑵のウに掲げる事項を除く。）について，主務省令で，地方公共団体情報システムの標準化のため必要な基準を定めなければならないこととされたこと。（第６条第１項関係）

⑵　内閣総理大臣及び総務大臣は，２の⑵のウに掲げる事項について，デジタル庁令・総務省令で，地方公共団体情報システムの標準化のため必要な基準を定めなければならないこととされたこと。（第７条第１項関係）

⑶　⑴及び⑵の基準を定め，又は変更しようとするときは，あらかじめ，地方公共団体その他の関係者の意見を反映させるために必要な措置を講じなければならないこととされたこと。（第６条第３項及び第７条第３項関係）

４　標準化基準に適合する地方公共団体情報システムの利用

⑴　地方公共団体情報システムは，標準化基準に適合するものでなければならないこととされたこと。（第８条第１項関係）

⑵　標準化対象事務と一体的に処理することが効率的である場合には，標準化基準に適合する情報システムの機能等について，標準化対象事務以外の事務を処理するために必要な最小限度の改変又は追加が可能であること。（第８条第２項関係）

５　補則

⑴　国は，地方公共団体情報システムが標準化基準に適合しているかどうかの確認を地方公共団体が円滑に実施できるようにするために必要な措置を講ずることとされたこと。（第９条第１項関係）

⑵　国は，地方公共団体における地方公共団体情報システムの標準化の状況を把握するための調査を行うとともに，地方公共団体に対し，地

方公共団体情報システムの標準化のために必要な助言，情報の提供その他の措置を講ずることとされたこと。（第９条第２項関係）

⑶　都道府県は，市町村に対し，地方公共団体情報システムの標準化のために必要な助言，情報の提供その他の措置を講ずるよう努めることとされたこと。（第９条第３項関係）

⑷　地方公共団体は，デジタル社会形成基本法（令和３年法律第35号）第29条に規定する国による環境の整備に関する措置の状況を踏まえつつ，当該環境においてクラウド・コンピューティング・サービス関連技術を活用して地方公共団体情報システムを利用するよう努めることとされたこと。（第10条関係）

⑸　国は，地方公共団体情報システムの標準化のために必要な財政上の措置を講ずるよう努めることとされたこと。（第11条関係）

⑹　この法律の規定に基づき命令を制定し，又は改廃する場合においては，その命令で，その制定又は改廃に伴い合理的に必要と判断される範囲内において，所要の経過措置を定めることができることとされたこと。（第12条関係）

⑺　この法律に定めるもののほか，この法律の実施のため必要な事項は，政令で定めることとされたこと。（第13条関係）

６　検討

政府は，この法律の施行後５年を経過した場合において，この法律の施行の状況について検討を加え，その結果に基づいて必要な措置を講ずることとされたこと。（附則第２項関係）

第二　その他

１　標準化基準に適合する情報システムへの移行について

地方公共団体情報システムの標準化については，「デジタル・ガバメント実行計画」（令和２年12月25日閣議決定）において，国が整備する「（仮称）Gov-Cloud」において各事業者が標準化基準に適合したシステムを開発し，地方公共団体が利用する姿を目指すこととされ，その目標時期は，国・地方を通じたデジタル化を今後５年間で進めることを踏まえ，令和７年度とされている。地方公共団体の円滑な移行に向けて，国においては，今後，移行に必要な工程などをまとめた手順書を示すこととしているほか，標準化基準に適合するシステムに移行する場合に必要となる準備経費や移行経費に対しては，令和２年度第３次補正予算を活用して財政支援を行うこととしているところであり，地方公共団体においては，標準化基準に適合するシステム移行に向けて，早期に準備に着手の上，計画的に取組を推進されたいこと。

２　標準化に伴う業務プロセスの見直し等について

地方公共団体において標準化の取組を推進するに当たっては，システムや業務の現状を十分に把握した上で，住民の利便性の向上や行政運営の効率化に資するよう業務改革につなげることが重要であり，単にシステムを入れ替えるだけではなく，標準化に伴う業務プロセスの見直し等をあわせて行うことで，効果的・効率的な行政サービスの提供を実現していくことが求められること。

３　地方公共団体の意見聴取等について

標準化の取組においては，例えば，標準化基準の策定に向けた関係府省による標準化対象事務の検討などにおいて，地方公共団体の多様な実情等をきめ細かく把握し，丁寧に意見等を聴いて取り組むこととしており，また，標準化に関する各種情報については，ホームページに随時掲載するなど，今後も，様々な機会を通じて情報提供等を行うこととしていることから，地方公共団体においては，システム移行に向けて十分に活用されたいこと。

地方公共団体情報システムの標準化に関する法律第二条第一項に規定する標準化対象事務を定める政令等の公布等について（通知）

（令和４年１月４日総行デ第１号総務省自治行政局長から各都道府県知事・各都道府県議会議長・各指定都市市長・各指定都市議会議長あて通知）

第204回国会において成立した「地方公共団体情報システムの標準化に関する法律（令和３年法律第40号）」（以下「法」という。）については，令和３年９月１日から施行されたところですが，今般，法第２条第１項の規定に基づき，「地方公共団体情報システムの標準化に関する法律第二条第一項に規定する標準化対象事務を定める政令（令和４年政令第１号）」（以下「政令」という。）を制定し，「地方公共団体情報システムの標準化に関する法律第二条第一項に規定する標準化対象事務を定める政令に規定するデジタル庁令・総務省令で定める事務を定める命令（令和４年デジタル庁令・総務省令第１号）」（以下「命令」という。）とあわせて本日公布・施行されましたので通知します。

貴職におかれては，下記事項にご留意の上，格別の配慮をされるとともに，各都道府県知事におかれては，貴都道府県内の指定都市を除く市町村長及び市町村議会議長に対してもこの旨周知願います。

なお，地域の元気創造プラットフォームにおける調査・照会システムを通じて，各市町村に対して，本通知についての情報提供を行っていることを申し添えます。

また，本通知は，地方自治法（昭和22年法律第67号）第245条の４第１項に基づく技術的な助言であることを申し添えます。

記

第一　政令及び命令の概要

1　標準化対象事務について

法第２条第１項に規定する政令で定める事務（標準化対象事務）は，次に掲げるものであってデジタル庁令・総務省令で定めるもの（⑸及び⒅を除く。）とすること。

⑴　児童手当（第１号関係）

児童手当法（昭和 46 年法律第 73 号）による児童手当又は特例給付（同法附則第２条第１項に規定する給付をいう。）の支給に関する事務

⑵　子ども・子育て支援（第２号関係）

子ども・子育て支援法（平成 24 年法律第 65 号）による子どものための教育・保育給付若しくは子育てのための施設等利用給付の支給，特定教育・保育施設，特定地域型保育事業者若しくは特定子ども・子育て支援施設等の確認又は地域子ども・子育て支援事業の実施に関する事務

⑶　住民基本台帳（第３号関係）

- 住民基本台帳法（昭和 42 年法律第 81 号）による住民基本台帳に関する事務（⑻に掲げるものを除く。）
- 出入国管理及び難民認定法（昭和 26 年政令第 319 号）による中長期在留者の住居地の届出若しくは外国人住民に係る住民票の記載等についての通知に関する事務
- 日本国との平和条約に基づき日本の国籍を離脱した者等の出入国管理に関する特例法（平成３年法律第 71 号）による特別永住者の住居地の届出に関する事務
- 行政手続における特定の個人を識別するための番号の利用等に関する法律（平成 25 年法律第 27 号）による個人番号の指定に関する事務
- 住居表示に関する法律（昭和 37 年法律第 119 号）による住居表示に係る事項の通知に関する事務

(4)　戸籍の附票（第４号関係）

住民基本台帳法による戸籍の附票に関する事務

(5)　印鑑登録（第５号関係）

市町村長（特別区の区長を含むものとし，地方自治法（昭和22年法律第67号）第252条の19第１項の指定都市にあっては，市長又は区長若しくは総合区長とする。）が作成する印鑑に関する証明書の交付に関する事務

(6)　選挙人名簿管理（第６号関係）

- 公職選挙法（昭和25年法律第100号）による選挙人名簿若しくは在外選挙人名簿に関する事務
- 日本国憲法の改正手続に関する法律（平成19年法律第51号）による投票人名簿若しくは在外投票人名簿に関する事務

(7)　地方税（第７号関係）

地方税法（昭和25年法律第226号）その他の地方税に関する法律及びこれらの法律に基づく条例又は森林環境税及び森林環境譲与税に関する法律（平成31年法律第３号）による個人の道府県民税（都民税を含む。）若しくは市町村民税（特別区民税を含む。），法人の市町村民税，固定資産税，軽自動車税，都市計画税又は森林環境税の賦課徴収に関する事務

(8)　戸籍（第８号関係）

- 戸籍法（昭和22年法律第224号）による戸籍に関する事務
- 住民基本台帳法による住民基本台帳に関する事務（同法第９条第２項の規定による通知に関する事務に限る。）

(9)　就学（第９号関係）

- 学校教育法（昭和22年法律第26号）による就学義務の猶予若しくは免除若しくは経済的理由によって就学困難と認められる学齢児童若しくは学齢生徒の保護者に対する必要な援助に関する事務
- 学校教育法施行令（昭和28年政令第340号）による学齢簿に関す

る事務

- 学校保健安全法（昭和33年法律第56号）による就学時の健康診断に関する事務

⑽　健康管理（第10号関係）

- 健康増進法（平成14年法律第103号）による健康教育，健康相談その他の国民の健康の増進を図るための措置に関する事務
- 母子保健法（昭和40年法律第141号）による母性並びに乳児及び幼児に対する保健指導，健康診査，医療その他の措置に関する事務
- 予防接種法（昭和23年法律第68号）による予防接種の実施に関する事務

⑾　児童扶養手当（第11号関係）

児童扶養手当法（昭和36年法律第238号）による児童扶養手当の支給に関する事務

⑿　生活保護（第12号関係）

生活保護法（昭和25年法律第144号）による保護の決定及び実施又は就労自立給付金若しくは進学準備給付金の支給に関する事務

⒀　障害者福祉（第13号関係）

- 児童福祉法（昭和22年法律第164号）による障害児通所給付費，特例障害児通所給付費，高額障害児通所給付費，肢体不自由児通所医療費，障害児相談支援給付費若しくは特例障害児相談支援給付費の支給に関する事務
- 特別児童扶養手当等の支給に関する法律（昭和39年法律第134号）による特別児童扶養手当，障害児福祉手当若しくは特別障害者手当の支給に関する事務
- 国民年金法等の一部を改正する法律（昭和60年法律第34号）附則第97条第1項の福祉手当の支給に関する事務
- 障害者の日常生活及び社会生活を総合的に支援するための法律（平成17年法律第123号）による自立支援給付の支給に関する事務

⒁　介護保険（第14号関係）

介護保険法（平成9年法律第123号）又は介護保険法施行法（平成9年法律第124号）による介護保険に関する事務

⒂　国民健康保険（第15号関係）

国民健康保険法（昭和33年法律第192号）による被保険者の資格の取得若しくは喪失，保険給付の実施又は保険料（地方税法の規定による国民健康保険税を含む。）の賦課及び徴収に関する事務

⒃　後期高齢者医療（第16号関係）

高齢者の医療の確保に関する法律（昭和57年法律第80号）による被保険者の資格の取得若しくは喪失又は保険料の徴収に関する事務

⒄　国民年金（第17号関係）

国民年金法（昭和34年法律第141号）による被保険者の資格の取得若しくは喪失，年金である給付若しくは一時金の支給，付加保険料の納付又は保険料の免除に関する事務

⒅　⑴から⒄に掲げる事務に附帯する事務（第18号関係）

2　附則

この政令は，公布の日から施行することとしたこと。ただし，1⑺（森林環境税の賦課徴収に関する事務に係る部分に限る。）の規定は，令和6年1月1日から施行することとしたこと。

第二　その他

1　政令及び命令の見直しについて

地方公共団体情報システムの標準化・共通化については，「デジタル社会の実現に向けた重点計画」（令和3年12月24日閣議決定。以下「重点計画」という。）において，第一1⑶，⑸，⑺，⑼，⒀及び⒁の事務については，令和4年夏までに標準仕様書を改定することとされ，⑴，⑵，⑷，⑹，⑻，⑽～⑿及び⒂～⒄の事務については，令和4年夏まで

に標準仕様書の作成等を行うこととされている。政令及び命令については，これらの標準仕様書の改定等を踏まえ，見直しを行うことが想定されており，引き続き，制度所管府省における標準仕様書の検討状況や意見照会の機会に留意されたいこと。

2　地方公共団体情報システムの円滑な移行について

重点計画において，国は，標準化基準に適合する情報システム（以下「標準準拠システム」という。）への地方公共団体の円滑な移行に向けて，法第５条第１項に規定する地方公共団体情報システムの標準化の推進を図るための基本的な方針を令和３年度（2021 年度）中を目途に定めるほか，地方公共団体情報システム機構（J-LIS）に造成された基金による財政支援を行うこととされている。令和３年度第１次補正予算においては，当該基金に 317 億円の上積み計上をしたところであり，目標時期である令和７年度までの移行に向けて，引き続き，計画的に準備を進められたいこと。

また，重点計画を踏まえ，総務省は，今後，「自治体情報システムの標準化・共通化に係る手順書【第 1.0 版】」について，ガバメントクラウドへの移行に係る課題の検証を行う先行事業の結果なども踏まえながら，必要な見直しを行い，改定するとともに，各地方公共団体が当該手順書を踏まえて市町村の標準準拠システムへの円滑な移行を行えるよう，関係省庁・都道府県とも連携して市町村の進捗管理等の支援を行うこととされていることから，各地方公共団体においては，これらの支援等についても積極的に活用されたいこと。

なお，標準化・共通化に関する各種情報については，ホームページに随時掲載するなど，今後も，様々な機会を通じて情報提供等を行うこととしていることから，地方公共団体においては，標準準拠システムへの移行に向けてこれらを十分に活用されたいこと。

3　標準化に伴う業務改革（BPR）の実施について

重点計画において，制度所管府省における標準仕様書の策定に当たっては，デジタル３原則（デジタルファースト，ワンスオンリー，コネクテッド・ワンストップ）に基づき，行政サービスの利用者の利便性向上並びに行政運営の簡素化及び効率化に立ち返った業務改革（BPR）の徹底を前提に進めることとされている。地方公共団体において標準化の取組を推進するに当たっても，システムや業務の現状を十分に把握した上で，単にシステムを入れ替えるだけではなく，標準化に伴う業務プロセスの見直し等をあわせて行うことで，効果的・効率的な行政サービスの提供を実現していくことが求められること。

第五

附帯決議

地方公共団体情報システムの標準化に関する法律案に対する附帯決議

（令和三年四月十五日 衆議院総務委員会）

政府は、本法施行に当たり、次の事項について適切な措置を講じ、その運用に万全を期すべきである。

一 標準化対象事務を定める政令の制定等に当たっては、地方自治法に基づき、都道府県知事、市長又は町村長の全国的連合組織である地方三団体に対し情報提供するとともに、意見聴取するほか、有識者からも意見を聴くなど、地方公共団体の意見を最大限尊重すること。

二 地方公共団体の利用する情報システムは、地方公共団体が構築することが基本であり、その整備・管理の方針についても地方公共団体が策定すべきものであることに鑑み、国による基本方針の策定に当たっては、地方三団体に加え、その他の地方関係団体等とも十分な調整を行った上で、地方公共団体の実情に即したものとすること。

三 標準化基準については、地方公共団体の規模、権能及び地域特性等の違いを踏まえた柔軟なものとすること。

四 標準化基準の策定・変更に当たっては、全ての地方公共団体や関係事業者の意見を丁寧に聴取するとともに、情報システムの運用実態を踏まえたものとなるよう、標準化対象事務に従事している職員及び情報システムを担っている職員等の意見を聴取するなど、関係者の幅広い意見を十分に反映したものとすること。また、標準化基準の検討状況について、逐次公表すること。

五 地方公共団体情報システムについて、地方公共団体や関係事業者の創意工夫による改善が図られるよう、地方公共団体及び関係事業者からの新たな機能に関する提案を受け付け、当該提案のうち有用性が認められるものについては、積極的に標準化基準に反映すること。

六 地方公共団体情報システムの標準化及び業務プロセスの見直し等によって、地方公共団体の窓口業務に混乱が生じ、住民サービスの提供に支障が生じることのないよう、地方公共団体との十分な調整を行った上で、必要な人的・財政的支援を行うなど、万全の対策を講ずること。また、標準準拠システムへの円滑な移行が図られるよう、十分な移行期間を確保するとともに、やむを得ない事由のある地方公共団体については、移行期間の取扱いについて検討すること。

七 地方公共団体情報システムの標準化を始め、地方公共団体のデジタル化の推進に当たっては、これを支える人材の確保及び育成が不可欠であることに鑑み、市町村において、高度な専門的知識を有するデジタル人材の確保及び育成が円滑に図られるよう、必要な人的・財政的支援を行うこと。

八 地方公共団体情報システムの標準化に要する経費につい

ては、国の責任において全額国費で支援すること。また、標準準拠システムの維持・管理及び改修等に要する経費について、必要な財政措置を講ずること。

九　地方公共団体情報システムの標準化に伴う情報システムの運営経費等の減少額については、地方行政のデジタル化や住民サービスの維持・向上のための経費に振り替えるなど、地方財政計画において適切な措置を講ずること。

十　地方公共団体情報システムの標準化を契機として、上乗せ給付などの地方公共団体独自の施策が廃止・縮小されることのないよう、地方公共団体情報システムの機能等について、当該施策を継続するための改変・追加が行えるようにするとともに、当該改変・追加に要する経費について必要な財政支援を行うこと。

十一　地方公共団体情報システムの標準化を始めとした地方公共団体のデジタル化の推進に伴い、地方公共団体の保有する個人情報について、情報連携の機会の増加が見込まれることを踏まえ、個人情報の漏えいや不適正な利用が生じることのないよう万全の措置を講ずること。

十二　地方公共団体の保有する個人情報に関しては、地域の特性等に応じた独自の保護措置が講じられてきたことを踏まえ、改正後の個人情報保護法下で講じられる独自の保護措置についても、標準化基準等において特段の配慮を行うこと。

十三　ガバメントクラウドの構築に当たっては、セキュリティ対策に万全を期すとともに、システム障害が発生することのないよう十分な対策を講じること。また、標準準拠システムへの移行を円滑に進めるため、ガバメントクラウドの構築に向けた検討段階においても、地方公共団体に対する適時適切な情報提供を行うこと。

十四　ガバメントクラウドの活用による地方公共団体情報システムの利用に当たっては、個人情報の適切な管理を徹底する観点から、地方公共団体ごとのデータをクラウド上で分離するとともに、厳格なアクセス制限を行うなど、個人情報を保護するための必要な対策を講ずること。

十五　本法附則第二項に基づく検討に当たっては、地方公共団体独自の施策への影響等にも留意しつつ、地方公共団体の意見を踏まえて検討を加え、その結果に基づいて、標準化対象事務、基本方針及び標準化基準の在り方等について必要な見直しを行うこと。

地方公共団体情報システムの標準化に関する法律案に対する附帯決議

（令和三年五月十一日　参議院総務委員会）

政府は、本法施行に当たり、次の事項について適切な措置を講じ、その運用に万全を期すべきである。

一、標準化対象事務を定める政令の制定等に当たっては、地方三団体に対し情報提供や意見聴取を行うとともに、有識者からも広く意見を聴くなど、地方公共団体の意見を最大限尊重すること。

二、地方公共団体の利用する情報システムは、地方公共団体が自ら構築することが基本であり、その整備・管理の方針についても地方公共団体が策定すべきものであることに鑑み、国による基本方針の策定に当たっては、地方三団体に加え、その他の地方関係団体等とも十分な調整を行い、地方公共団体の実情に即したものとすること。

三、標準化基準は、地方公共団体の規模、権能及び地域特性等の違いを踏まえた柔軟なものとすること。また、その策定・変更に当たっては、全ての地方公共団体や関係事業者の意見を丁寧に聴取するとともに、標準化対象事務や情報システムを担う職員等の意見を聴取するなど、関係者の幅広い意見を十分に反映させ、情報システムの運用実態を踏まえたものとすること。さらに、標準化基準の検討状況について、逐次公表すること。

四、地方公共団体情報システムについて、地方公共団体や関係事業者の創意工夫による改善が図られるよう、地方公共団体及び関係事業者からの新たな機能に関する提案のうち有用性が認められるものについては、積極的に標準化基準に反映すること。

五、地方公共団体情報システムの標準化及び業務プロセスの見直し等により、地方公共団体の窓口業務に混乱が生じ、住民サービスの提供に支障が生じることのないよう、地方公共団体と十分な調整を行い、必要な人的・財政的支援を行うなど、万全の対策を講ずること。また、標準準拠システムへの円滑な移行が図られるよう、十分な移行期間を確保するとともに、やむを得ない事由のある地方公共団体については、移行期間の取扱いについて検討すること。

六、地方公共団体情報システムの標準化を始め、地方公共団体のデジタル化の推進に当たっては、これを支える人材の確保・育成が不可欠であることに鑑み、市町村及び地方公共団体情報システム機構において、高度な専門的知識を有するデジタル人材の確保・育成が円滑に図られるよう、必要な人的・財政的支援を行うこと。あわせて、地方公共団体が発注者責任を十分に果たせるよう、高度な専門知識を有するデジタル人材の配置に配慮するとともに、デジタル化を進める担当部署に必要な権限を与える仕組みづくりを行うよう促すなど環境整備に尽力すること。

七、地方公共団体情報システムの標準化に要する経費については、国の責任において全額国費で措置するとともに、発注仕様の標準化等による予算執行の効率化を図ること。また、標準準拠システムの維持・管理及び改修等に要する経費について、必要な財政措置を講ずること。

八、地方公共団体情報システムの標準化に伴う情報システムの運営経費等の減少額については、地方行政のデジタル化や住民サービスの維持・向上のための経費に振り替えるなど、地方財政計画において適切な措置を講ずること。

九、地方公共団体情報システムの標準化を契機として、上乗せ給付などの地方公共団体独自の施策が廃止・縮小されることのないよう、地方公共団体情報システムの機能等について、当該施策を継続するための改変・追加が行えるようにするとともに、当該改変・追加に要する経費について必要な財政支援を行うこと。

十、地方公共団体のデジタル化の推進に伴い、地方公共団体の保有する個人情報について、情報連携の機会の増加が見込まれることを踏まえ、個人情報の漏えいや不適正な利用が生じることのないよう万全の措置を講ずること。

十一、地方公共団体の保有する個人情報に関しては、地域の特性等に応じた独自の保護措置が講じられてきたことを踏まえ、改正後の個人情報保護法下で講じられる独自の保護措置についても、標準化基準等において特段の配慮を行うこと。

十二、ガバメントクラウドの構築に当たっては、セキュリティ対策に万全を期すとともに、自然災害等による停電時の対応も含めてシステム障害が発生することのないよう十分な対策を講じること。また、標準準拠システムへの移行を円滑に進めるため、ガバメントクラウドの構築に向けた検討段階においても、地方公共団体に対し適時適切な情報提供を行うこと。

十三、ガバメントクラウドの活用による地方公共団体情報システムの利用に当たっては、個人情報の適切な管理を徹底する観点から、地方公共団体ごとのデータをクラウド上で分離するとともに、厳格なアクセス制限を行うなど、個人情報を保護するための必要な対策を講ずること。

十四、本法附則第二項に基づく検討に当たっては、地方公共団体独自の施策への影響等にも留意しつつ、地方公共団体の意見を踏まえて検討を加え、その結果に基づいて、標準化対象事務、基本方針及び標準化基準の在り方等について必要な見直しを行うこと。

右決議する。

第六

地方公共団体情報システム標準化基本方針

地方公共団体情報システム標準化基本方針【第1.0版】の概要

令和4年10月7日
閣議決定

○「地方公共団体情報システムの標準化に関する法律」（令和3年法律第40号）第５条に基づき、標準化の推進に関する基本的な事項について、地方公共団体情報システム標準化基本方針を定めるもの。

○ 内閣総理大臣、総務大臣及び所管大臣が、関係行政機関の長に協議、地方３団体から意見聴取の上、作成。

標準化の意義及び目標

移行期間：「**2025年度までに、ガバメントクラウドを活用した標準準拠システムへの移行**を目指す」

情報システムの運用経費等：「**平成30年度（2018年度）比で少なくとも３割の削減**を目指す」

地方公共団体における**デジタル基盤の整備、競争環境の確保、システムの所有から利用へ、迅速で柔軟なシステムの構築**

→ 国又は地方公共団体は、従来、時間と費用の両面から大きなコストが生じていた基幹業務システムからのデータの取り込みを円滑に行うことが可能となり、迅速な国民向けサービスの開始に寄与する。

→ デジタル庁は総務省とともに、全地方公共団体の移行スケジュール及び移行に当たっての課題を把握し、その解決に地方公共団体と協力して取り組むこととする。その上で、総務省は、デジタル庁とともに、地方公共団体に対して必要な助言を行い、適正な費用での安全な移行が担保される計画を作成する。

施策に関する基本的な方針

・標準化対象事務の範囲
・標準準拠システムの機能等に係る必要な最小限度の改変又は追加
・推進体制
（制度所管府省の役割、関係府省会議）
・意見聴取等

標準化基準に関する基本的な事項

・共通標準化基準に関する基本的な事項
（データ要件・連携要件、セキュリティ、ガバメントクラウドの利用(※1)、共通機能）
・標準化基準の策定に関する基本的な事項
（標準化基準の策定・変更方針、適合性の確認、検討体制）

その他推進に必要な事項

・地方公共団体への財政支援
（財政支援に関する基本的考え方、デジタル基盤改革支援補助金(※2)）
・地方公共団体へのその他の支援
（情報提供、市区町村の進捗管理、デジタル人材、都道府県の役割等）

(※1)・ガバメントクラウドの利用料：デジタル庁、総務省、財務省、地方公共団体等が協議して検討。
・ガバメントクラウド以外の環境：ガバメントクラウドと比較して、性能面や経済合理性等を比較衡量して総合的優れていると判断する場合には、利用を妨げない。
(※2)ガバメントクラウド以外の環境への移行補助：①、②を要件として例外的に対象に含める方向で検討(①性能面・経済合理性等を定量的に比較した結果の公表・継続的モニタリング、②ガバメントクラウドと接続し、必要なデータを連携させることを可能とすること)。

地方公共団体情報システム標準化基本方針

令和４年（2022 年）10 月

目次

地方公共団体情報システム標準化基本方針

第１　はじめに

○　国民が行政手続において情報通信技術の便益を享受できる環境を整備するとともに、情報通信技術の効果的な活用により持続可能な行政運営を確立することが国及び地方公共団体の喫緊の課題であることに鑑み、地方公共団体情報システムの標準化に関する法律（令和３年法律第40号。以下「標準化法」という。）第５条第１項に基づき、地方公共団体情報システムの標準化の推進を図るための基本的な方針として、地方公共団体情報システム標準化基本方針（以下「基本方針」という。）を策定する。

第２　地方公共団体の基幹業務システムの統一・標準化の意義及び目標に関する事項（標準化法第５条第２項第１号）

2.1　地方公共団体の基幹業務システムの統一・標準化の意義

○　我が国は、行政サービスの多くを地方公共団体が提供しており、それらを支える地方公共団体の基幹業務システムは、これまで、地方公共団体が個別に開発しカスタマイズをしてきた結果として、次のような課題を抱えている。

(1)　維持管理や制度改正時の改修等において地方公共団体は個別対応を余儀なくされ負担が大きいこと

(2)　情報システムの差異の調整が負担となり、クラウド利用が円滑に進まないこと

(3)　住民サービスを向上させる最適な取組を迅速に全国へ普及させることが難しいこと

○　このような地方公共団体の基幹業務システムの状況を踏まえ、地方公共団体に対し、標準化基準（標準化法第６条第１項及び第７条第１項に規定する標準化のために必要な基準をいう。以下同じ。）に適合する基幹業務システム（以下「標準準拠システム」という。）の利用を義務付け、標準準拠システムについてガバメントクラウド（デジタル社会形成基本法（令和３年法律第35号）第29条に規定する「全ての地方公共団体が官民データ活用推進基本法第二条第四項に規定するクラウド・コンピューティング・サービス関連技術に係るサービスを利用することができるようにするための国による環境の整備」としてデジタル庁が4.3.1に規定するとおり整備するものをいう。以下同じ。）を利用することを努力義務とする標準化法が令和３年（2021年）５月に成立し、標準化法に基づき、地方公共団体の基幹業務システムの統一・標準化を推進することとしている。

○　具体的には、次のとおりである。

(1)　国は、地方公共団体や基幹業務システムを提供する事業者の意見を丁寧に聴

1

き、標準化対象事務を処理するシステムについての標準化基準の策定及び変更を行う。

(2)　国は、地方公共団体又は標準準拠システム等を提供する事業者にガバメントクラウドを利用させる。

(3)　地方公共団体は、自ら又は事業者がガバメントクラウド上に構築する標準準拠システムを利用する。

(4)　地方公共団体は、独自施策等を講ずるため、当該地方公共団体が保有する標準準拠システムで利用する標準化されたデータを、必要なサービスを提供するためのシステムに利用することができる。

○　地方公共団体の基幹業務システムの統一・標準化の取組により、地方公共団体が情報システムを個別に開発することによる人的・財政的負担を軽減し、地域の実情に即した住民サービスの向上に注力できるようにするとともに、新たなサービスの迅速な展開を可能とすることを目指している。

2.2　地方公共団体の基幹業務システムの統一・標準化の目標

○　地方公共団体の基幹業務システムの統一・標準化の取組の主たる目標は、次のとおりである。

(1)　標準化基準の策定による地方公共団体におけるデジタル基盤の整備

○　デジタル３原則に基づく業務改革（ＢＰＲ）やデジタル処理を前提とした地方公共団体のベストプラクティスについて、その内容を反映した業務フローを基に標準化基準を策定又は変更することで、地方公共団体におけるデジタル化の基盤を整備する。

(2)　競争環境の確保

○　事業者の競争環境を確保し、ベンダロックインを回避する。具体的には次のとおりである。

①　機能要件等の仕様の標準化とガバメントクラウドの活用により、アプリケーションレベルにおける複数の事業者による競争環境を確保する。

②　データ要件・連携要件に関する標準化基準への適合性を確実に担保することにより、他事業者への移行をいつでも可能とする競争環境を適切に確保する。

③　ガバメントクラウドを活用することにより、スタートアップや地方の事業者も含め、各事業者において、自らクラウド基盤を整備することなく自社が開発したシステムを全国展開する機会を得る。

④　標準準拠システムの構築環境として複数のクラウドサービスから事業者が選

2

択可能な状態（マルチクラウド環境）を整備することにより、クラウドサービス提供事業者間の競争環境を確保し、クラウドロックインを防止するとともに、高い水準のセキュリティを担保しつつ、経済性の高いガバメントクラウドサービスを提供する。

(3)　システムの所有から利用へ

○　ガバメントクラウドを活用することで、地方公共団体が従来のようにサーバ等のハードウェアやＯＳ・ミドルウェア・アプリケーション等のソフトウェアを自ら整備・管理する負担を軽減する。

○　その上で、こうした負担を含めた業務全体に係るコストを抑え、削減することができた人的・財政的なリソースを、住民に寄り添って、真にサービスを必要とする住民に手を差し伸べるために必要な業務や、地域の実情に即した企画立案業務等本来職員が行うべき業務に注力できるようにする。

(4)　迅速で柔軟なシステムの構築

○　制度改正や突発的な行政需要への緊急的な対応等のために標準準拠システムを改修する必要がある場合には、当該法令の施行や緊急対応サービスの開始時期に間に合うよう、国が標準化基準を策定又は変更することで、地方公共団体が個別に対応する負担を軽減するとともに、当該改修の範囲を最小限にし、かつ、迅速に改修を行えるようにする。このため、次の点を念頭に置いてシステム構築を図る。

①　標準準拠システムを、モダンアプリケーション（アプリケーションをサービス単位で疎結合（結合される各情報システムの独立性が高く、システム機能の結合レベルが緩やかな結合をいう。以下同じ。）に構成し、サービス同士をＡＰＩで連携させるような設計構造をいう。以下同じ。）のアーキテクチャに基づき構築する。

②　ガバメントクラウドのマネージドサービス（運用を自動化するクラウドサービスをいう。以下同じ。）等を活用する。

○　標準準拠システムと情報連携する標準準拠システム以外のシステムのうち、地方公共団体が条例や予算に基づいて行う独自施策を実現するためのもの（以下「独自施策システム」という。）や標準化対象外機能（明示的に標準化の対象外としている施策に係る機能）等を実現するためのシステムは、標準準拠システムとは別のシステムとして疎結合で構築すること等により、原則として標準準拠システムをカスタマイズしないようにする。

3

○　各地方公共団体が、自らの判断により、標準準拠システムで利用するデータ要件・連携要件に関する標準化基準に適合したデータのうち必要なデータを活用できるようにすることで、新しい行政需要に対応するため、国又は地方公共団体がガバメントクラウド上に全国で共用可能なシステムを迅速に構築することを可能とする。

(5)　標準準拠システムへの円滑な移行とトータルデザイン[1]の実現

○　地方公共団体の基幹業務システムの統一・標準化の取組については、基幹業務システムを利用する地方公共団体が、令和７年度（2025 年度）までにガバメントクラウドを活用した標準準拠システムに移行できる環境を整備することを目標とする。

○　具体的には、令和５年（2023 年）４月から令和８年（2026 年）３月までを「移行支援期間」と位置付け、地方公共団体の基幹業務システムが、令和７年度（2025 年度）までに、ガバメントクラウドを活用した標準準拠システムへの移行を目指すこととし、国はそのために必要な支援を積極的に行う。

○　また、標準準拠システムへの移行完了後に、標準化対象事務に関する情報システムの運用経費等については、平成 30 年度（2018 年度）比で少なくとも３割の削減を目指すこととし、国は、デジタル３原則に基づくＢＰＲを含めた業務全体の運用費用の適正化のための次の取組を行うことにより、当該目標の実現に向けた環境を整備する。

①　トータルデザインの考え方の下で、デジタル庁が標準準拠システムの共通機能や共通部品（申請管理を含むフロントサービスとの連携機能、認証機能、文字環境の３つを候補として注力する。）を開発し、全体としてより効率的なシステム構築や運用を行うための取組を、早期に標準準拠システムに移行し当該取組に積極的に協力する市町村と段階的に実証することとする。

②　ガバメントクラウド上での構築・運用を前提としたアプリケーションの開発・運用の高度化に挑戦するベンダのスキル・ノウハウを底上げするための支援を強力に行う。

③　標準仕様書において標準化すべきであるがされていない機能や過剰な機能等の検証・整理や、システム連携に関する効率的な検証環境の準備を進める。

○　情報システムの運用経費等の目標の達成に向けては、移行支援期間である令和７年度（2025 年度）までの達成状況及び移行支援期間における実証等を踏まえ

---

[1]「デジタル社会の実現に向けた重点計画」（令和４年（2022 年）６月７日閣議決定）において「国・地方・民間を通じたトータルデザイン」として考え方を示しているもの。

4

るとともに、為替や物価などのコスト変動の外部要因も勘案する必要があることから、令和7年度（2025年度）までの間、必要に応じた見直しの検討と達成状況の段階的な検証を行う。

○　令和7年度（2025年度）までに上記の取組を行うことで、国又は地方公共団体は、新たに地方公共団体の基幹業務システムのデータを活用した施策を講ずるに当たり、標準化されたデータの取り込みに対応したアプリケーションを、あらかじめガバメントクラウド上に構築することで、従来、時間と費用の両面から大きなコストが生じていた基幹業務システムからのデータの取り込みを円滑に行うことが可能となり、迅速な国民向けサービスの開始に寄与する。

○　基本方針の決定後、デジタル庁は総務省とともに、全地方公共団体の移行スケジュール及び移行に当たっての課題を把握し、その解決に地方公共団体と協力して取り組むこととする。その上で、総務省はデジタル庁とともに、地方公共団体に対して必要な助言を行い、適正な費用での安全な移行が担保される計画を作成する。加えて、総務省は、6.2.2のとおり、デジタル庁、制度所管府省及び都道府県とも連携して市区町村の進捗管理等の支援を行う。

第３　地方公共団体の基幹業務システムの統一・標準化の推進のために政府が実施すべき施策に関する基本的な方針（標準化法第５条第２項第２号）

3.1　標準化対象事務の範囲

○　標準化対象事務は、標準化法の趣旨を踏まえ、標準化法第2条第1項に規定する「情報システムによる処理の内容が各地方公共団体において共通し、かつ、統一的な基準に適合する情報システムを利用して処理することが住民の利便性の向上及び地方公共団体の行政運営の効率化に寄与する事務」であるかという観点から、選定する。

○　標準化対象事務の単位は、法令の規定の構造や、地方公共団体における業務フローやシステムの状況を踏まえて設定する。

(1)　地方公共団体以外の者が整備又は運用する主たる責任を有するシステム（以下「外部システム」という。）に係る事務については、標準化対象事務から除く。

(2)　地方公共団体が行っている独自施策のうち次に掲げるものについては標準化対象事務の中に位置付ける。

①　標準準拠システムのパラメータの変更により実現可能であるものについては、標準機能又は標準オプション機能（5.1.1.1で定める標準オプション機能をいう。以下同じ。）として、標準化対象事務の中に位置付ける。

②　国の調査又は地方公共団体からの提案により、独自施策をパターン化した結

5

果、標準的な機能として実現可能なもの（当該独自施策を実施している団体が極めて少数等により、費用対効果が極めて小さいものを除く。）については、標準オプション機能として、標準化対象事務の中に位置付ける。

(3)　標準化対象事務と標準化対象外事務（標準化対象事務の範囲に含まれない事務をいう。以下同じ。）について区別が明確になるように、標準仕様書においてツリー図を作成する。ツリー図は、業務全体の事務を俯瞰し、標準化対象外事務を可能な限り列挙する。

○　地方公共団体情報システムの標準化に関する法律第二条第一項に規定する標準化対象事務を定める政令（令和４年政令第１号）及び地方公共団体情報システムの標準化に関する法律第二条第一項に規定する標準化対象事務を定める政令に規定するデジタル庁令・総務省令で定める事務を定める命令（令和４年デジタル庁令・総務省令第１号）について、標準化基準の検討過程を通じて、標準化対象事務を追加する必要が生じた場合には、標準化基準の更改を行う前に、当該標準化対象事務に係る法令又は事務を所管する府省（以下「制度所管府省」という。）の協力の下、総務省がデジタル庁とともに改正を行う。

3.2　標準準拠システムの機能等に係る必要な最小限度の改変又は追加

○　標準化法第８条第２項は、地方公共団体において、「標準化対象事務以外の事務を地方公共団体情報システムを利用して一体的に処理することが効率的であると認める」ときは、「当該地方公共団体情報システムに係る互換性が確保される場合に限り、標準化基準に適合する当該地方公共団体情報システムの機能等について当該事務を処理するため必要な最小限度の改変又は追加を行うことができる」旨規定している。

○　地方公共団体が行っている独自施策のうち、標準化対象外事務において、地方公共団体の基幹業務システムの統一・標準化の目標等を踏まえると、標準準拠システムのカスタマイズについては、原則として不可であり、標準準拠システムとは別のシステムとして疎結合で構築することが望ましく、真にやむを得ない場合に限るものとする。

3.3　推進体制

3.3.1　制度所管府省の役割及び連携

○　地方公共団体の基幹業務システムの統一・標準化の取組における制度所管府省の主な役割分担は、次のとおりとする。

(1)　制度所管府省は、所管する事務が効率的かつ効果的に実施されるようにする観

6

点から、標準化法第6条第1項に基づき定める基準（以下「機能標準化基準」という。）の策定及び変更を行う。

(2) デジタル庁は、情報システムの整備及び管理の基本的な方針の作成及び推進に関すること等を所掌する観点から、機能標準化基準を策定及び変更する制度所管府省を支援するとともに、各標準化対象事務間で整合するよう調整を図りながら、総務省とともに、標準化法第7条第1項に基づき定める基準（以下「共通標準化基準」という。）の策定及び変更を行う。

(3) 総務省は、国と地方公共団体との連絡調整に関することを所掌する観点から、デジタル庁や制度所管府省、都道府県知事、市長又は町村長の全国的連合組織（地方自治法（昭和22年法律第67号）第263条の3第1項に規定する全国的連合組織で同項の規定による届出をしたものをいう。以下「地方3団体」という。）と協力して、各地方公共団体が標準準拠システムに円滑に移行できるよう支援する。

○ 制度所管府省は、上記の役割分担の下、デジタル庁を司令塔として、地方公共団体の基幹業務システムの統一・標準化を効率的かつ効果的に推進するよう、相互に協力する。

3.3.2 地方公共団体の基幹業務等システムの統一・標準化に関する関係府省会議

○ 地方公共団体の基幹業務システムの統一・標準化の取組を円滑に進めるため、デジタル庁が事務局となって、地方公共団体の基幹業務等システムの統一・標準化に関する関係府省会議（以下「関係府省会議」という。）を定期的に開催し、制度所管府省における取組の進捗管理や情報共有等を行う。詳細は関係府省会議において別途定める。

3.4 標準化法に基づく意見聴取等

3.4.1 基本方針の作成及び変更に係る意見聴取（標準化法第5条第4項）

○ 基本方針の案を作成又は変更しようとするときは、あらかじめ、地方3団体その他の関係者の意見を聴く。

3.4.2 標準化基準の作成及び変更に係る意見聴取等（標準化法第6条第3項及び第7条第3項）

○ 標準化基準の作成に当たっては、デジタル庁が別途定める方法により、その検討過程を公開し、多様な地方公共団体の実情や進捗をきめ細かく把握するため、地方公共団体や事業者から幅広く意見の聴取を行う。

7

○　また、標準化基準の案については、意見公募を行うなど地方公共団体その他の関係者の意見を反映させるために必要な措置を講ずる。

3.4.3　その他の意見聴取等

○　上記のほか、地方公共団体への意見聴取等については、6.2.1のとおりとする。

第４　共通標準化基準に関する基本的な事項（標準化法第５条第２項第３号）

4.1　データ要件・連携要件に関する標準化基準に係る事項（標準化法第５条第２項第３号イ）

○　データ要件・連携要件に関する標準化基準は、データ要件の標準及び連携要件の標準で構成する。

4.1.1　データ要件の標準

○　データ要件の標準とは、機能標準化基準を実現するために必要なデータのレイアウト（データ項目名、型、桁数等の属性を定義したもの）の標準である。

○　標準準拠システムは、当該標準準拠システムが保有するデータを、データ要件の標準に定めるとおり、必要に応じて、任意のタイミングで出力することができるようにしなければならない。ただし、標準準拠システムのデータベースの構造その他の実装方法については、標準準拠システムを提供する事業者の競争領域とし、必ずしも、データ要件の標準に定めるとおりとする必要はない。

4.1.2　連携要件の標準

○　連携要件の標準とは、各標準準拠システムが機能標準化基準に適合できるようにし、かつ、標準準拠システム以外のシステムと円滑なデータ連携を行うことができるようにするため、標準準拠システムから、他の標準準拠システム及び標準準拠システム以外のシステムに対し、データ要件の標準に規定されたデータ項目を、データ連携するための要件（(a)どのような場合に、(b)どのデータを、(c)どの「標準準拠システム等」（4.3.2で定義するシステムをいう。以下同じ。）に対し、どのように提供（Output）又は照会（Input）するかについての要件）とそのためのデータ連携機能の要件を規定する標準である。

○　標準準拠システムは、連携要件の標準に定めるとおり、システムを実装しなけれ

8

ばならない。

○　ただし、事業者が複数の標準化対象事務に係る標準準拠システムを、１つのパッケージとして一体的に提供する場合においては、当該パッケージ内におけるデータ連携については当該事業者の責任において対応することとし、必ずしも、データ連携機能の要件に定めるとおり、データ連携機能を実装する必要はない。また標準準拠システムに段階的に移行する場合においては、各団体における移行方法を踏まえ、最も合理的で円滑な移行を進める上で合理的に説明し得る範囲及び期間内で、必ずしも、連携要件の標準に適合する必要はない。

4.1.3　機能標準化基準との関係

○　データ要件・連携要件に関する標準化基準は、機能標準化基準を実現するために必要不可欠なものであることから、各標準化対象事務の機能標準化基準との整合性を確保しなければならない。

4.1.4　標準準拠システム以外のシステムとの関係

○　標準準拠システムと情報連携する標準準拠システム以外のシステムには、標準化対象外の事務を実現するためのシステム（独自施策システムや外部システム等）や標準化対象外機能（明示的に標準化の対象外としている施策に係る機能）等を実現するためのシステムがある。

○　これらのシステムと標準準拠システムとの関係は、次のとおりである。

(1)　標準準拠システム以外のシステム（外部システムを除く。）との関係

○　標準準拠システム以外のシステム（外部システムを除く。以下(1)において同じ。）は、標準準拠システムと情報連携する場合には、原則、標準準拠システムとは別のシステムとして疎結合する形で構築することになる。

○　この場合、標準準拠システムと標準準拠システム以外のシステムとの間の連携については、連携要件の標準に規定する。

○　ただし、標準準拠システムと標準準拠システム以外のシステムを同一のパッケージとして事業者が提供している場合には、その最も適切な在り方を事業者と地方公共団体で協議していくことを前提に、当分の間、経過措置として、パッケージの提供事業者の責任において標準準拠システムと標準準拠システム以外のシステムとの間の連携等を行うことを可能とする。

9

(2) 外部システムとの関係

○　標準準拠システムと外部システムとの連携に当たっては、標準準拠システムのデータ要件・連携要件に関する標準化基準との整合性を確保しなければならない。

4.2　サイバーセキュリティ等に係る事項（標準化法第５条第２項第３号ロ・ニ）

○　サイバーセキュリティ等に関する標準化基準として、標準準拠システムのセキュリティ、可用性、性能・拡張性、運用・保守性、移行性、システム環境・エコロジーに係る機能要件以外の要件（非機能要件）について、指標、選択レベル及び選択時の条件の標準を定める。

○　上記のほか、地方公共団体が利用する標準準拠システム等の整備及び運用に当たっては、総務省が作成する地方公共団体における情報セキュリティポリシーに関するガイドラインを参考にしながら、セキュリティ対策を行うものとする。

○　その際、ガバメントクラウド上に構築される標準準拠システム等については、次の考え方に従うものとする。

(1)　地方公共団体は、クラウドサービス等の提供、保守及び運用（4.3.5.1(1)）に基づき、地方公共団体の責任とされる範囲において具体的なセキュリティ対策を行う。

(2)　マイナンバー利用事務系（個人番号利用事務（行政手続における特定の個人を識別するための番号の利用等に関する法律（平成 25 年法律第 27 号。以下「番号法」という。）第２条第 10 号に規定するものをいう。）又は戸籍事務等に関わる情報システム及びその情報システムで取り扱うデータをいう。）の端末・サーバ等と専用回線により接続されるガバメントクラウド上の領域についてもマイナンバー利用事務系として扱う。

4.3　ガバメントクラウドの利用に係る事項（標準化法第５条第２項第３号ハ）

4.3.1　ガバメントクラウドの位置付け

○　ガバメントクラウドは、デジタル庁が調達するものであって、地方公共団体が標準準拠システム等を利用できるよう、地方公共団体に対し提供するクラウドサービス及びこれに関連するサービス（以下「クラウドサービス等」という。）である。

○　地方公共団体が標準準拠システムにおいてガバメントクラウドを利用することは、標準化法第 10 条により、努力義務とされている。地方公共団体は、標準準拠

10

システムの利用において、ガバメントクラウドの利用を第一に検討すべきであるが、ガバメントクラウドと比較して、ガバメントクラウド以外のクラウド環境その他の環境の方が、性能面や経済合理性等を比較衡量して総合的に優れていると判断する場合には、当該ガバメントクラウド以外のクラウド環境その他の環境を利用することを妨げない。

○　本章におけるガバメントクラウドに係る記述は、地方公共団体がガバメントクラウドを利用する場合における基本的事項であり、詳細については、デジタル庁が別途定める。ただし、地方公共団体の利用に当たって影響を及ぼす事項については、総務省と協議するものとする。また、個人情報の取扱いに影響を及ぼす事項については、個人情報保護委員会と協議するものとする。

4.3.2　ガバメントクラウド上に構築することができるシステム

○　次に掲げる標準準拠システム等については、ガバメントクラウド上に構築することができる。

(1)　標準準拠システム

(2)　関連システム（標準準拠システムと業務データのＡＰＩ連携等を行うシステムのほか、標準準拠システムと同じくガバメントクラウドに構築することが効率的であると地方公共団体が判断するシステムをいう。）

4.3.3　ガバメントクラウドの調達及び提供方式

○　デジタル庁は、政府情報システムのためのセキュリティ評価制度（ＩＳＭＡＰ）のクラウドサービスリストに登録されたクラウドサービスからデジタル庁が別途定める要件を満たすクラウドサービス等を提供するクラウドサービス事業者（以下「ＣＳＰ」という。）と契約を締結する。

○　デジタル庁は、ＣＳＰからクラウドサービス等の提供を受け、別途定める方式により、当該クラウドサービス等を利用する環境を、地方公共団体に対し提供する。

4.3.4　ガバメントクラウドの利用

○　地方公共団体又は地方公共団体が指定するガバメントクラウドの運用管理を行う事業者（以下「ガバメントクラウド運用管理補助者」という。）は、割り当てられたクラウドサービス等を別途定める範囲内で自由に構成することができる。ただし、当該クラウドサービス等は、地方公共団体がガバメントクラウド上で業務を行うための利用に限って必要な環境をデジタル庁が提供するものであり、標準準拠システム等の開発行為等専らＡＳＰ又はガバメントクラウド運用管理補助者の利益に

11

なる行為に利用してはならない。

4.3.5　責任分界の考え方

4.3.5.1　システム管理上の責任分界

(1)　クラウドサービス等の提供、保守及び運用

○　地方公共団体又はガバメントクラウド運用管理補助者は、提供されたクラウドサービス等の運用管理義務を負う。

○　ただし、ＣＳＰが管理するプラットフォームや物理的設備等についてはＣＳＰの責任範囲となり、地方公共団体との関係においては、デジタル庁の責任範囲となる。

(2)　電気通信回線の確保及び維持

○　ガバメントクラウドの利用に係る電気通信回線のうち、デジタル庁が指定する接続地点と地方公共団体との間の電気通信回線については、地方公共団体が確保及び維持する責任を負う。

4.3.5.2　サービス品質保証（ＳＬＡ）

○　デジタル庁は、ＣＳＰが定めるクラウドサービス等におけるＳＬＡに基づき、地方公共団体等が利用するガバメントクラウドの各クラウドサービス等に関するサービスレベルを地方公共団体に提示することとする。

○　その上で、デジタル庁は、ガバメントクラウドを利用しようとする地方公共団体とＳＬＡを締結する。

4.3.5.3　ガバメントクラウドに起因して発生した損害の賠償責任

○　ガバメントクラウドに関しＣＳＰの責めに帰すべき事由に起因して地方公共団体が損害（ＳＬＡが満たされないことに起因して発生する損害を含む。）を受け、デジタル庁に対して損害賠償請求をした場合、デジタル庁は、当該損害についてＣＳＰに対して損害賠償請求を行い、ＣＳＰから賠償金の弁済を受領できた金額を上限として、地方公共団体に対して損害賠償責任を負う。

○　ＣＳＰに帰責性がなく、デジタル庁の責めに帰すべき事由に起因して地方公共団体が損害を受けた場合、デジタル庁は、地方公共団体に対して損害賠償責任を負う。

12

4.3.5.4 個人情報の取扱い

○ デジタル庁は、ガバメントクラウドの提供に当たり、個人の権利利益を保護しつつ、地方公共団体の保有する個人番号をその内容に含む電子データを自ら取り扱わない旨を地方公共団体との契約において定めるとともに、デジタル庁自身が、デジタル庁が提供するガバメントクラウド利用システム個別領域（ガバメントクラウドにおいて利用者がクラウドサービス等を利用することができる範囲をいう。）にアクセスして個人番号をその内容に含む電子データを参照又は取得することができないよう、アクセス制御を行う。その結果、デジタル庁が行うガバメントクラウドを利用する環境を提供することは、番号法に規定する個人番号利用事務等の委託に該当しないこととなる。

○ 地方公共団体は、ガバメントクラウド上の自ら管理するデータについて、番号法に基づき、自ら適切な安全管理措置を講ずる必要がある。また、当該データのうち個人情報については、令和５年４月以降、個人情報の保護に関する法律（平成15年法律第57号）に基づき、個人情報の保護に関する法律についてのガイドライン（行政機関等編）及び個人情報の保護に関する法律についての事務対応ガイド（行政機関等向け）等を踏まえつつ、外的環境の把握を含む必要かつ適切な安全管理措置を講ずる必要がある。

○ デジタル庁は、当該安全管理措置に関連し、個人情報保護委員会の協力を得て、地方公共団体に対し、技術的な助言等を行うとともに、地方公共団体は、自ら実施する安全管理措置の実施に必要な範囲において、デジタル庁に対して、追加的な情報提供や必要なセキュリティ対策等の措置を求めることができる。デジタル庁は、当該求めの内容がＣＳＰの管理責任の範囲にある場合は、ＣＳＰに追加的な情報提供や必要なセキュリティ対策等の措置を求めることとする。

4.3.5.5 ガバメントクラウドの利用料

○ 地方公共団体の基幹業務システム等が活用するガバメントクラウドの利用料については、クラウド利用料は地方公共団体が現行システムで負担する運用経費に相当するものであること、標準準拠システムを効率的に構築・運用していくための競争環境を適切に確保していく必要があること、ガバメントクラウド上の各種サービスへの円滑な接続など他の環境にはない利点があることを踏まえ、ガバメントクラウドの利用に応じて地方公共団体に負担を求めることについて、業務全体の運用コストや利用料等の見通しの情報を明らかにした上で、デジタル庁、総務省、財務省、地方公共団体等が協議して検討を行う。

13

○　現行システムからの円滑なデータ移行・ガバメントクラウド上のシステムへの連携を実現するとともに、業務全体の運用コストの適正化により、標準化対象事務に関する情報システムの運用経費等の３割削減の実現につなげるため、早期にガバメントクラウドへ移行し、国が行う検証等の取組に積極的に参加する団体に対しては、標準準拠システムを効率的に運用するために検証を行いながら移行を進められるよう、技術的支援に加え、当該検証等に要する費用を国が支援するなど、必要な支援について予算編成過程において検討を行う。

4.4　共通機能の標準に関する事項（標準化法第５条第２項第３号ニ）

4.4.1　共通機能の標準

○　共通機能とは、標準準拠システムを用いて業務を行う際に必要な機能であって、全ての標準化対象事務に係る標準準拠システムに共通する機能である。

○　デジタル庁は、共通機能の標準を作成することとし、地方公共団体は、事業者が提供する当該標準に準拠する共通機能を選択する。

○　共通機能の標準の作成方針については、次のとおりとする。

(1)　標準準拠システムにおける共通機能とのインターフェース部分のカスタマイズを発生させないようにするため、共通機能と標準準拠システムとのインターフェースについて標準を作成する。

(2)　共通機能における外部システムとのインターフェース部分は、外部システムのインターフェース仕様に従う。

(3)　共通機能の内部の機能については、最低限の実装必須機能について標準を作成することとし、各事業者が共通機能の内部の機能を新たに追加することや、共通機能と疎結合の形で新たに機能を作ることも妨げない。

○　共通機能の標準は、上記の作成方針にしたがって、次の機能について定めることを基本とする。

(1)　申請管理機能（申請者が地方公共団体に対し申請手続等を行うマイナポータル等と標準準拠システムの間を連携する機能）

(2)　庁内データ連携機能（標準準拠システムが、他の標準準拠システムにデータを送信又は他の標準準拠システムからデータを受信することを効率的かつ円滑に行う機能）

(3)　住登外者宛名番号管理機能（庁内で管理する住登外者を一意に特定するための住登外者宛名番号を管理する機能）

(4)　団体内統合宛名機能（団体内統合宛名番号を付番し、中間サーバと連携する機能）

14

(5)　ＥＵＣ機能（職員自身が表計算ソフト等を用いて情報を活用するために基幹業務システムのデータを抽出、分析、加工、出力する機能）

○　デジタル庁は、ガバメントクラウドのマネージドサービス等、運用経費削減等に資する機能について随時リファレンスとして情報提供する。

4.4.2　ドキュメントの版管理

○　標準化基準に基づくドキュメント（標準仕様書等）についての版管理については、デジタル庁が別途定める。

第５　標準化基準の策定の方法及び時期その他の標準化基準の策定に関する基本的な事項（標準化法第５条第２項第４号）

5.1　機能標準化基準

5.1.1　機能標準化基準の策定方針

5.1.1.1　標準の定め方

○　機能標準化基準は、標準化対象事務に係る業務フローを、デジタル庁が別途定める記述方式により作成し、人が行う作業とシステムが行う作業とに仕分け、システムが行う作業を実現するために、システムが提供する機能に関する要件の標準を規定するものである。

○　機能標準化基準の策定に当たって、制度所管府省は、多様な地方公共団体の実態を把握するよう努める。なお、都道府県が法令上事務の主体となっている基幹業務については、都道府県と市区町村とを比べ、実施主体が多い方を基本として、地方公共団体の実態を把握することとする。

○　機能標準化基準の策定に当たっての基本的な考え方は、次のとおりとし、地方公共団体や事業者の意見を聴いた上で、制度所管府省が責任を持って定める。
(1)　システム上、既に実装している機能については、複数の事業者が提供する複数のパッケージシステムが持つ機能を比較して標準と決めたもの（以下「パッケージ標準機能」という。）を基準として、地方公共団体の基幹業務システムが実装している機能と比較検討し、業務フローを参照しながら、最適な機能を次のとおり、標準として定めることを基本とする。
①　パッケージ標準機能に対して、地方公共団体の基幹業務システムが同じ機能を提供している場合には、当該パッケージ標準機能を標準と定める。

15

② パッケージ標準機能に対して、地方公共団体の基幹業務システムが異なる機能を提供している場合には、当該異なる機能が次に定める事項に該当するときは、当該異なる機能を最適な機能として標準として定める。

(a) 当該機能を提供している理由が、当該地方公共団体の特殊な理由によるものではなく、一般の地方公共団体にとっても当てはまるものであること

(b) 当該機能の導入について、費用対効果が見込まれること

(c) 当該機能が、一般の地方公共団体にとって、下記の３つのいずれかに当てはまると判断されること

（イ）業務の効率化につながるものであること

（ロ）業務の過誤防止につながるものであること

（ハ）住民サービスの向上につながるものであること

(2) システム上、新たに実装する機能については、業務フローを参照しながら、地方公共団体や複数の事業者と協議して、ベストプラクティスと見込まれる機能を標準とする。

○ 機能標準化基準において規定する機能の要件には、(1)実装必須機能、(2)標準オプション機能、(3)実装不可機能のいずれかの分類を、機能ごとに明記する。

(1) 実装必須機能は、標準準拠システムに実装しなければならない。

(2) 標準オプション機能は、標準準拠システムに実装してもしなくても良い機能である。地方公共団体の政策判断や人口規模等による業務実施状況の違いがあり、その違いを吸収するため、やむを得ない場合に設定する。事業者が標準オプション機能を実装するかどうかを判断して標準準拠システムを構築し、複数の事業者が構築した標準準拠システムの中から、地方公共団体は、自らの団体に適したものを選び、当該標準準拠システムを提供する事業者と契約して利用する。

(3) 実装不可機能は、標準準拠システムに実装してはならない。また、標準準拠システムと疎結合で構築することもできない。

なお、(1)～(3)のいずれにも位置付けられていない機能については、原則(3)として扱うものとする。ただし、自治体や事業者の創意工夫により新たな機能をシステムに試行的に実装させて機能改善の提案を行う場合であって、他の地方公共団体においても当該機能の必要性が高いと考えられるものについては、当該機能の取扱いを標準仕様書の作成・更新過程において検討することとし、必要に応じて標準仕様書に規定する。その間、実験的に実装を希望する地方公共団体は、費用対効果の検討結果を他の地方公共団体と共有することを前提とするなど、標準仕様書の検討に資するよう取り組むこととし、実装は標準準拠システムと疎結合で構築する。

○ 標準仕様書において、明示的に標準化の対象外としている施策に係る機能である場合は、標準準拠システムと疎結合で構築する。

16

○ デジタル庁は、機能標準化基準間の整合性を確保する必要がある場合には、横並びの調整を行う。また、デジタル庁は、各標準化対象事務の機能標準化基準に、横断的な課題がある場合には、必要な調査等を実施し、調整を行う。

5.1.1.2 分割調達を可能とする標準準拠システムの機能標準化基準

○ 標準準拠システムについて、一の業務をさらに細分化した単位での分割調達を可能とする場合には、細分化した単位（以下「サブユニット」という。）を1システムと捉え、サブユニットについては、機能標準化基準の構成（5.1.1.3）に加え、サブユニット間の連携に係る機能についても漏れなく機能標準化基準に規定する。

5.1.1.3 機能標準化基準の構成

○ 機能標準化基準は、機能要件の標準、画面要件の標準及び帳票要件の標準で構成する。

5.1.1.3.1 機能要件の標準

○ 機能要件とは、システムに対し、どのようなデータを入力し、どのような処理を行い、結果、どのような出力がされるか等の要件を規定するものである。

○ 機能要件の標準は、多くの地方公共団体職員等が容易に理解することができるよう、より具体的に、誤解のないよう表記する。

○ 制度所管府省は、データ要件・連携要件に関する標準化基準の作成作業をより効率的に行うため、機能要件の標準の検討段階において、標準準拠システムが管理すべきデータ項目との整合や帳票要件の標準との整合を図りながら、入出力するデータ項目を具体化及び明確化して、機能要件の標準に記載する。

5.1.1.3.2 画面要件の標準

○ 画面要件とは、システムが出力する画面に関する要件を規定するものである。画面は、通常は事業者の競争領域であることから、画面がカスタマイズの主要因となっている場合に限り、画面要件の標準を作成する。

17

5.1.1.3.3　帳票要件の標準

○　帳票要件とは、システムから出力する帳票・様式に関する要件を規定するものである。

○　帳票には、(1)住民向けの帳票・様式（通知・証明書等）と、(2)職員向けの帳票・様式（確認のための一覧表等）がある。

(1)　住民向けの帳票・様式については、既に外部システムにおける仕様等で規定され、カスタマイズの主要因となっていない帳票・様式等を除いて、標準を定める。

(2)　職員向けの帳票・様式については、紙への出力を前提とするのではなく、ＥＵＣ機能等を利用して画面で確認する等のデジタル化を原則とし、真に必要なものに限定して、標準を定める。

○　帳票要件の標準は、(1)帳票ＩＤ、(2)帳票のレイアウト、(3)帳票の諸元表で主に構成する。

(1)　帳票ＩＤは、帳票の管理や電子的な交付等を行う際に利用する。統一的なＩＤの振り方については、デジタル庁が別途定める。

(2)　帳票のレイアウトは、標準化されていない場合にはカスタマイズの発生原因となるため、標準を定めることを基本とする。

(3)　帳票の諸元表は、データ要件の標準と整合性を保たなければならない。なお、二重管理を避けるなどの観点から、データ要件の標準をもってこれに代えることができる。

5.1.1.4　機能標準化基準の作成時期

○　機能標準化基準は、対象となるシステムで処理する標準化対象事務が指定された日から起算して、原則として１年間で作成する。

○　20 業務（児童手当、子ども・子育て支援、住民基本台帳、戸籍の附票、印鑑登録、選挙人名簿管理、固定資産税、個人住民税、法人住民税、軽自動車税、戸籍、就学、健康管理、児童扶養手当、生活保護、障害者福祉、介護保険、国民健康保険、後期高齢者医療、国民年金）に係る機能標準化基準で定める内容を盛り込んだ標準仕様書については、令和４年（2022 年）８月までに作成又は改定されたところであり、主務省令はその後に定める。

5.1.2　機能標準化基準の変更方針

○　デジタル３原則に基づく業務改革（ＢＰＲ）や、制度変更、技術の進化や施策の

18

推進等により、機能標準化基準に追加・変更すべき機能が生じる場合、機能標準化基準を変更する必要がある。

○ 変更は、5.1.1.1 から 5.1.1.3 までの規定に準じて行う。作成及び施行の時期については、次のとおりとする。

5.1.2.1 法令改正の場合

○ 制度所管府省は、標準化対象事務に関連する法令改正を検討する場合には、速やかにデジタル庁及び総務省と協議し、機能標準化基準の変更のためのスケジュールを作成する。

○ 制度所管府省は、当該法令改正に伴う標準準拠システムの改修について施行日までに余裕を持って対応できるようにするため、法令改正が行われてから機能標準化基準の変更を検討するのではなく、法令改正の検討と同時に、機能標準化基準の変更を検討する。

○ 機能標準化基準の変更の検討に当たっては、機能要件の標準等を踏まえて、データ要件・連携要件に関する標準化基準等を定める必要があることから、制度所管府省は、随時、デジタル庁及び総務省と協議する。

5.1.2.2 地方公共団体からのデジタル３原則に基づく業務改革（ＢＰＲ）の提案受付

○ デジタル庁は、デジタル庁が別途定めるところにより、定例的に、地方公共団体に対し、デジタル３原則に基づく業務改革（ＢＰＲ）を踏まえた、標準準拠システムの改修の必要性を照会することとし、提案内容について制度所管府省と共有する。

○ 制度所管府省は、当該提案が合理的なものである場合には、デジタル庁及び総務省と協議をして、機能標準化基準の変更のためのスケジュールを作成し、地方公共団体の意見や事業者の意見を聴いて、機能標準化基準を変更する。

5.1.3 機能標準化基準への適合性の確認（標準化法第９条第１項）

○ 機能標準化基準の適合性の確認については、標準準拠システムを利用する地方公共団体が一義的に責任を有している。

○ 標準準拠システムは、実装必須機能及び標準オプション機能を実装し、それら以外の機能を実装してはならないことから、地方公共団体は、標準準拠システムを利用する前に、それらの機能が実装されていること及びそれらの機能以外が実装されていないことを確認する必要がある。

○　地方公共団体が機能標準化基準に適合しているかどうかの確認を効率的に行うことができるよう、事業者は地方公共団体に提示する標準準拠システムの提案書やマニュアル等において、機能標準化基準に規定される機能ＩＤごとにどの操作・画面において当該機能が実装されているのかを明示するものとする。その他、地方公共団体の確認の負担を軽減する方策について引き続き検討を行う。

○　制度所管府省は、地方公共団体から機能標準化基準の適合性の確認において疑義が生じ、照会があった場合には、速やかに詳細を把握するなどし、5.1.4 で定める検討会の場で議論をするなどしながら、解釈を示すなどの対応を行う。

5.1.4　機能標準化基準の検討体制

○　制度所管府省は、機能標準化基準の作成及び変更等に当たって、地方公共団体や事業者の意見を反映させるため、検討会を開催する。

○　検討会の構成員は、有識者、地方公共団体の職員、地方３団体の職員、基幹業務システムを構築する事業者、デジタル庁職員、総務省職員等が考えられるが、標準化対象事務の性質や基幹業務システムの状況に応じて定めるものとする。

5.2　共通標準化基準

5.2.1　共通標準化基準の策定及び変更

○　共通標準化基準については、第４に示す基本的な事項に基づき、デジタル庁が総務省と協議し、策定する。

○　特に、データ要件・連携要件に関する標準化基準は、機能標準化基準と密接に関係することから、制度所管府省と密に連携しながら、策定することとする。

○　その他の共通標準化基準の策定及び変更に関する事項は、機能標準化基準の策定及び変更に関する事項に準ずる。

5.2.2　共通標準化基準の適合性の確認

○　共通標準化基準の適合性の確認については、標準準拠システムを利用する地方公

20

共団体が一義的に責任を有する。

○　共通標準化基準のそれぞれの構成要素における適合性の確認については、次のとおりとする。

(1)　データ要件・連携要件に関する標準化基準の適合は、データ連携やデータの利活用の観点から実装面においても十分に確保されている必要があることから、標準準拠システムは、デジタル庁が提供するツールを使って実施されるデータ要件・連携要件に関する標準化基準に係る適合確認試験に合格したシステムでなければならないこととするとともに、当該ツールは地方公共団体に提供することにより、地方公共団体が行う適合性の確認の負担を軽減する。

(2)　非機能要件の標準については、常時、適合性確認を行うことが困難な項目も含まれることから、地方公共団体がＳＬＡその他受注者との取決めの項目として明示することで適合性を担保することとする。

(3)　共通機能の標準の適合性確認については、機能標準化基準の方法に準ずる。

5.2.3　共通標準化基準の検討体制

○　共通標準化基準は、デジタル庁を中心に、制度所管府省と協力しながら検討を進める。

5.3　その他の事項

○　5.1 及び 5.2 に掲げるもののほか、標準化基準に関することについては、制度所管府省や地方公共団体、事業者の意見を聴いて、デジタル庁及び総務省が協議して定める。

第６　その他地方公共団体の基幹業務システムの統一・標準化の推進に関し必要な事項（標準化法第５条第２項第５号）

6.1　地方公共団体への財政支援（標準化法第 11 条）

6.1.1　地方公共団体の基幹業務システムの統一・標準化に係る財政支援に関する基本的考え方

○　地方公共団体を含めた情報システムの全体のトータルデザインの実現の観点からは、地方公共団体の基幹業務システムの統一・標準化を着実に進めることが重要である。このため、標準準拠システムへの移行に要する経費に対しては、国が必要な財政支援を行うこととする。この財政支援に当たっては、デジタル基盤改革支援補助金（6.1.2）を活用する。

21

6.1.2　デジタル基盤改革支援補助金

6.1.2.1　デジタル基盤改革支援基金の造成・執行

○　6.1.1の財政支援等を行うため、令和２年度第３次補正予算により地方公共団体情報システム機構（Ｊ－ＬＩＳ）にデジタル基盤改革支援基金を造成した。デジタル庁は、当該基金の執行について、情報システム整備方針に基づき、総務省を通じて適切に統括・監理を行う。

○　対象経費の詳細や補助金の申請等に係る手続の詳細は、別途Ｊ－ＬＩＳにおいて規定する。

6.1.2.2　デジタル基盤改革支援補助金の事業実施方法等

○　デジタル基盤改革支援補助金は、各地方公共団体の標準準拠システムへの計画的かつ円滑な移行を図るため、標準化対象事務の処理に係る情報システムに関して地方公共団体が行う、ガバメントクラウド上で構築された標準準拠システムへの移行に係る事業を対象とし、当該事業に必要な一時経費（導入経費）に係る財政支援を行う。

○　また、ガバメントクラウドを活用した環境で構築された標準準拠システムへの移行に対して補助することが原則であるが、ガバメントクラウド以外の環境で構築された標準準拠システムへの移行に係る事業については、次の条件をいずれも満たすものを例外的に対象に含める方向で、検討を行う。

①　ガバメントクラウドと性能面・経済合理性等を定量的に比較した結果を公表するとともに、継続的にモニタリングを行うこと

②　当該環境とガバメントクラウドを接続し、ガバメントクラウド上の標準準拠システム等と、必要なデータを連携させることを可能とすること

○　上記の経費については、各地方公共団体に示した上限額の範囲で、補助率を10/10で措置することとする。

6.2　地方公共団体へのその他の支援（標準化法第９条第２項）

○　国は、地方公共団体が計画的に、地方公共団体の基幹業務システムの統一・標準化の取組を進められるよう、財政支援（6.1）のほか、以下の支援を行う。

22

6.2.1　地方公共団体への意見聴取・情報提供等

○　地方公共団体の基幹業務システムの統一・標準化の推進に当たり、デジタル庁は、デジタル改革共創プラットフォームを活用し地方公共団体と対話を行う。

○　制度所管府省は、各府省で策定した機能標準化基準の作成、変更及び解釈に関する問合せ窓口を、デジタル庁は、共通標準化基準の作成、変更及び解釈に関する問合せ窓口を、それぞれ設けることにより、地方公共団体及び地方公共団体の基幹業務システムの統一・標準化に取り組む事業者に対し、標準化基準の作成、変更及び解釈に関する情報提供を行う。

○　3.4.1及び3.4.2による意見聴取等並びに上記の取組のほか、デジタル庁及び制度所管府省は、議論の過程の透明化やウェブサイト等への公表、目標・取組・スケジュール等の段取りに係る地方公共団体への情報提供、地方公共団体への丁寧な意見聴取、地方３団体等と連携した計画的な移行推進等を行う。

6.2.2　市区町村の進捗管理等

○　総務省は、令和３年（2021年）に作成した標準準拠システムへの移行に向けた標準的な取組を盛り込んだ手順書（以下「手順書」という。）について、ガバメントクラウドへの移行に係る課題の検証を行う先行事業の結果なども踏まえながら、必要な見直しを行い、改定する。

○　総務省は、各地方公共団体が手順書を踏まえて市区町村の標準準拠システムへの円滑な移行を行えるよう、デジタル庁、制度所管府省及び都道府県とも連携して市区町村の進捗管理等の支援を行う。

○　具体的には、総務省は、市区町村からの進捗状況等の報告、標準準拠システムへの移行に向けた課題や質問の問合せ機能等を有する市区町村の進捗管理等支援ツールを構築し、デジタル庁、制度所管府省及び都道府県と連携して運用する。

○　特に、当該ツールに寄せられた課題、質問等のうち、各制度所管府省に共通するものについては、総務省がデジタル庁とともに、制度所管府省の所管業務に関するものについては、各制度所管府省において、それぞれ迅速に対応する。

○　上記に定めるもののほか、市区町村の進捗管理等支援ツールの運用については、総務省が、デジタル庁及び制度所管府省と協議して別途定める。

6.2.3　デジタル人材に関する支援

○　デジタル庁及び総務省は、都道府県と連携して、複数市区町村での兼務を含め、デジタル人材のＣＩＯ補佐官等としての任用等が推進されるように支援する。また、地方公共団体職員との対話や研修、人事交流等を通じて地方公共団体のデジタル人材育成に寄与する。

6.2.4　都道府県の役割等（標準化法第９条第３項）

○　標準化対象事務の多くは、主として市区町村が処理するものであるが、都道府県において標準化対象事務を処理するシステムを利用している場合は、都道府県においても標準準拠システムの利用が義務付けられることから、市区町村と同様に、標準準拠システムへの移行が必要となる。

○　また、標準化法においては、都道府県が市区町村への必要な助言、情報提供等を実施することに係る努力義務が規定されている。このため、都道府県は、広域自治体としての主導的役割として、管内市区町村の基幹業務システムの統一・標準化の進捗管理等を行う立場にある。具体的には、6.2.2 に規定する進捗管理等支援ツールを用いて、国や管内市区町村との連絡調整や、助言、情報提供について、主体的かつ主導的な役割を果たすこととする。

24

第七

自治体情報システムの標準化・共通化に係る手順書【第2.0版】

地方自治体のデジタルトランスフォーメーション推進に係る検討会（第17回）
(2022年12月23日）一部抜粋・編集

自治体情報システムの標準化・共通化に係る手順書
【第2.0版】

総務省

目次

はじめに

1．情報システムの標準化・共通化の背景及び経緯

日本の高齢者（65 歳以上）人口は 2040 年頃にピークを迎える。総人口においても、2008 年から減少が続き、1995 年に 8,726 万人だった生産年齢人口は、2015 年には 7,728 万人となり、2040 年には 6,000 万人を割り込むと見込まれ、今後は労働力の供給に制約が生じると想定される。

現在、我が国の住民生活に身近な行政サービスの多くは、自治体が担っている。今後、人口減少が進み、我が国を取り巻く環境に不確実さが増す中でも、住民の健康で文化的な生活と地域経済を守るため、自治体は安定的かつ持続可能な形で、行政サービスを提供し続ける必要があることから、労働力の供給制約の中においても、職員が企画立案業務や住民への直接的なサービス提供など職員でなければできない業務に注力できる環境を作れるよう、制度や組織、業務の在り方等を変革していくことが求められている。

このような状況を踏まえ、情報通信技術を活用し、住民の利便性の向上及び自治体の行政運営の効率化に資するよう、自治体情報システムの標準化・共通化の取組を推進するため、「地方公共団体情報システムの標準化に関する法律」（令和 3 年法律第 40 号。以下「標準化法」という。）が成立した。

標準化法では、地方公共団体の情報システムの標準化の対象となる事務（「地方公共団体情報システムの標準化に関する法律第二条第一項に規定する標準化対象事務を定める政令（令和 4 年政令第 1 号）及び地方公共団体情報システムの標準化に関する法律第二条第一項に規定する標準化対象事務を定める政令に規定するデジタル庁令・総務省令で定める事務を定める命令（令和 4 年デジタル庁令・総務省令第 1 号）」において、児童手当、子ども・子育て支援、住民基本台帳、戸籍の附票、印鑑登録、選挙人名簿管理、固定資産税、個人住民税、法人住民税、軽自動車税、戸籍、就学、健康管理、児童扶養手当、生活保護、障害者福祉、介護保険、国民健康保険、後期高齢者医療、国民年金の 20 業務が定められている（第 2 条第 1 項関係）。以下「標準化対象事務」という。）を政令で定め、標準化対象事務の処理に係る情報システム（以下「標準化対象システム」という。）が満たすべき基準（以下「標準化基準」という。）を国が定めることとされた。具体的には、各所管法令又は事務に係る機能要件等については各所管大臣が、各システムに共通する事項（データ要件等）については、デジタル庁を所管する長としての内閣総理大臣と総務大臣が定めることとなる（第 6 条第 1 項及び第 7 条第 1 項関係）。

その上で、地方公共団体に対して、標準化基準に適合したシステム（以下「標準準拠システム」という。）の利用を義務付けるとともに（第8条第1項関係）、地方公共団体は、国による全国的なクラウド環境の整備の状況を踏まえつつ、当該環境においてクラウドを活用して情報システムを利用するよう努めることとされている（第10条関係）。

また、国は、標準化法第5条に基づく「地方公共団体情報システム標準化基本方針」（以下「基本方針」という。）を令和4年10月に閣議決定をしたところであり、基本方針においては、「地方公共団体の基幹業務システムの標準化・共通化の取組については、基幹業務システムを利用する地方公共団体が、令和7年度までにガバメントクラウドを活用した標準準拠システムに移行できる環境を整備することを目標とする。」とされた。具体的には、令和5年4月から令和8年3月までを「移行支援期間」と位置付け、令和7年度までに、ガバメントクラウド（デジタル社会形成基本法（令和3年法律第35号）第29条に規定する「全ての地方公共団体が官民データ活用推進基本法第二条第四項に規定するクラウド・コンピューティング・サービス関連技術に係るサービスを利用することができるようにするための国による環境の整備」としてデジタル庁が調達するクラウド環境をいう。）を活用した標準準拠システムへの移行を目指すこととし、国はそのために必要な支援を積極的に行うとともに、移行支援期間である令和7年度までの達成状況及び移行支援期間における実証、為替や物価などのコスト変動の外部要因も勘案して、必要に応じた見直しの検討と達成状況の段階的な検証を行うこととされた。

なお、関係府省は、これまでの累次の閣議決定を踏まえ、令和4年夏には、20業務の標準仕様書を策定又は改定するとともに、デジタル庁においては、データ要件・連携要件等の共通事項に関する標準仕様書を策定した。今後は、これらの標準仕様書を元に、標準化基準を省令で定めることとなる。

その他、標準化法においては、都道府県が市区町村への必要な助言、情報提供等を実施することに係る努力義務が規定されている。このため、都道府県は、広域自治体として、管内市区町村の基幹業務システムの標準化・共通化の進捗管理等について助言等を行うことが期待される（第9条第3項関係）。また、標準化対象事務の多くは、主として市区町村が処理するものであるが、生活保護及び児童扶養手当について都道府県が利用するシステムについても、令和4年夏に公表された標準仕様書において標準化対象システムとされたことから、市区町村と同様に、標準準拠システムへの移行が必要となっている。

※図表１～３省略

2

2．標準化・共通化の特徴

自治体は、標準化法に基づき、システムの標準化・共通化に取り組むこととなるが、次の点において従来のシステム更改とは異なる特徴があることから、このことを十分に踏まえた上で、対応する必要がある。

（1） 令和7年度を目標時期として標準準拠システムへ移行する必要があること。

これまで、自治体のシステムは、法令改正等への対応による場合を除けば、自らの計画等に基づき、その更改時期を決めてきた。しかしながら、標準準拠システムへの移行の目標時期は令和7年度とされていることから、当該目標時期に向けて各自治体においては、現在のシステム更改計画等を見直す必要が生じ得る。

（2） 全ての標準化対象システムが移行の対象であること。

全ての標準化対象システムが標準準拠システムへの移行対象となる。そのため、システム移行対象や範囲、それらに関する現行ベンダや契約内容を網羅的に把握するだけでも、調整を要する可能性があるとともに、自治体の複数部局にまたがって影響が生じ得る。

（3） 全自治体において短期間に集中してシステムの移行がなされること。

標準化の取組は、自治体が足並みを揃えて、標準準拠システムへ移行することで、より大きな効果が得られることから、全自治体が短期間に集中して標準準拠システムへ移行することとなる（基本方針では、前述のとおり、令和7年度までに、ガバメントクラウドを活用した標準準拠システムへの移行を目指すこととしている。）。また、標準化対象システムは、住民へのサービス提供を支える基幹系システムであることから、住民への影響を最小限にとどめようとすると、自ずとシステム移行を行うことができる機会は限られるため、自治体間で運用テストやデータ移行時期の調整などが生じ得ることも考えられる。

（4） 標準仕様書やガバメントクラウドへの移行など、国の動きと密接に関連していること。

各自治体においては、関係府省やデジタル庁が作成した標準仕様書の内容を踏まえ、本手順書で示す一連の作業が発生し得る。また、ガバメントクラウドについては、先行事業の内容も踏まえ、今後更なる情報提供がなされる予定である。標準化は、こうした国の動きと密接に連携しながら

3

取組を進める必要がある。自治体においては、積極的な情報収集が必要であり、標準化・共通化に関する最新の動向について、別紙に取りまとめたため参照されたい。

（5） 標準仕様書に基づく業務フロー等の見直しの検討が生じ得ること。

関係府省の標準仕様書では、システムが備えるべき機能要件に加え、参考として機能要件に対応した標準的な業務フローを示している。

また、基本方針では、標準的な業務フローの作成に当たって、関係府省はデジタル3原則に基づく業務改革（BPR）やデジタル処理を前提とした自治体のベストプラクティスを反映し、自治体が標準準拠システムへ移行する際、当該業務フローを参考にすることで、自治体のデジタル化の基盤整備に資することを目標として掲げているところであり、標準化は単なるシステム移行に留まらない取組である点に留意が必要である。

これらの特徴を踏まえれば、自治体においては、全庁的な体制整備や綿密な移行計画の策定等が必要不可欠である。また、円滑に標準化・共通化の取組を進めるためには、早期に作業着手の上で計画的に取り組み、標準準拠システムへの移行の目標時期である令和7年度までの事務負担を平準化することが重要である。

3．本手順書の位置付け及び改定

本手順書には、全自治体が円滑にシステムの標準化・共通化を進めるため、標準化・共通化に向けた標準的な作業項目やフェーズ毎に想定される主な作業手順等を掲載している。自治体においては、本手順書を参考にしながら、積極的な情報収集に努めるとともに、標準化・共通化の取組を推進していただきたい。

ただし、本手順書では、自治体において一般的に想定される作業全般を洗い出したものの、各自治体のシステムの構成や規模、今後の移行方式によって必要となる手順等に差異が有り得ることには留意すべきと考えられる。

なお、関係府省が作成する標準仕様書、デジタル庁が作成するガバメントクラウドの仕様、共通要件等に変更があり、本手順書に更なる修正を加える必要が生じた際には、必要に応じて対応をしてまいる。

※図表4は省略

第１章　自治体情報システムの標準化・共通化に係る検討

１．自治体情報システムにおける現状と課題

これまで各自治体において、住民ニーズへの対応、利便性向上等の観点から、情報システムのカスタマイズが行われてきた結果、その発注・維持管理や制度改正対応などについて個別の対応が必要となっており、自治体ごとに人的・財政的負担が生じていると指摘されてきた。また、カスタマイズ等により、同一ベンダのシステムを利用する自治体間でもそれぞれのシステムの内容が異なるなど、自治体クラウドのような共通プラットフォーム上のサービスを利用する方式への移行や、住民サービスを向上させる最適な取組の全国への普及の妨げとなっている。また、自治体ごとに様式や帳票等が異なることは、それらを利用する住民・企業等の負担にもつながっている。

２．情報システムの標準化・共通化の意義及び効果

社会全体のデジタル化のためには、住民に身近な行政を担う自治体の DX の推進が重要であり、その基盤となる自治体情報システムの標準化・共通化は、住民の利便性向上や行政運営の効率化に資する取組である。

特に、１．のとおり認識されている情報システムにおける課題の解決に、標準化・共通化の取組は大いに貢献するものと考えられる。

この点、自治体における情報システムの標準化・共通化の取組効果としては、主に次の３点が考えられる。

（1）　コスト削減・ベンダロックインの解消

標準準拠システムを利用することで、自治体が情報システムを個別に開発する必要がなくなり、人的・財政的負担の軽減といった効果が見込まれる。なお、基本方針においては、「標準準拠システムへの移行完了後に、標準化対象事務に関する情報システムの運用経費等については、平成30年度（2018年度）比で少なくとも３割の削減を目指す」こととしている。この目標達成に向けて国は、以下の取組を行うこととしている。

✓ トータルデザインの考え方の下で、デジタル庁が標準準拠システムの共通機能や共通部品（申請管理を含むフロントサービスとの連携機能、認証機能、文字環境の３つを候補として注力する。）を開発し、

5

全体としてより効率的なシステム構築や運用を行うための取組を、早期に標準準拠システムに移行し当該取組に積極的に協力する市区町村と段階的に実証することとする。

- ✓ ガバメントクラウド上での構築・運用を前提としたアプリケーションの開発・運用の高度化に挑戦するベンダのスキル・ノウハウを底上げするための支援を強力に行う。
- ✓ 標準仕様書において標準化すべきであるがされていない機能や過剰な機能等の検証・整理や、システム連携に関する効率的な検証環境の準備を進める。

また、標準化・共通化の取組により、機能や様式・帳票、システム移行時に満たすべきデータ項目などについて、国が標準を定め、ベンダは当該標準を満たすシステムを開発し、自治体はベンダが開発した標準準拠システムを利用することとなる。加えて、国が標準準拠システムの構築環境として、複数のクラウドサービスから事業者が選択可能な状態（マルチクラウド環境）を整備することにより、クラウドサービス提供事業者間の競争環境を確保し、クラウドロックインを防止するとともに、高い水準のセキュリティを担保しつつ、経済性の高いガバメントクラウドサービスを提供する。これにより、スタートアップや地方の事業者も含め、各事業者が、自らクラウド基盤を整備することなく自社が開発したシステムを利用することができるようになり、アプリケーションレベルにおける複数の事業者による競争環境を確保できる。このように、標準化・共通化を推進することは、ベンダロックインの解消や、ベンダの競争環境の確保に寄与するものと考えられる。

（2） 行政サービス・住民の利便性の向上

標準化・共通化の取組を通じた負担軽減の結果、システム調達等の業務に従事していた職員を、企画立案や住民への直接的なサービス提供など、職員でなければ真にできない業務に振り向けることも可能となるものと考えられる。このことによって、長期的には生産年齢人口減少による労働力の供給制約がある中でも、持続的に行政サービスを提供するための自治体の体制整備に貢献し得るものと考えられる。

また、標準化対象システムとマイナポータルぴったりサービスとの接続など、行政手続のオンライン化に寄与するシステム連携の要件が標準化されるなど、エンドトゥエンドでのオンライン化が広く実現されることで、更に住民の利便性の向上に資することとなる。

（3）　行政運営の効率化

標準仕様書においては、デジタル3原則に基づく業務改革（BPR）やデジタル処理を前提とした自治体のベストプラクティスを踏まえた業務フローを示すこととされており、標準準拠システムの利用に併せて、標準化対象事務に係る業務フローを見直すことは行政運営の効率化に資することが大いに期待される。また、標準化・共通化を進めることで、システムの共同運用やAI・RPA等のデジタル技術、外部人材等が、従来と比較し活用しやすくなることも想定されるため、これらを有効に活用した業務プロセスの見直しも考えられる。

また、ガバメントクラウドを活用することで、自治体において従来のようにサーバ等のハードウェアやOS・ミドルウェア・アプリケーション等のソフトウェアを自ら整備・管理する負担が軽減される。加えて、標準準拠システムで利用するデータ要件・連携要件に適合したデータを活用できるようにすることで、国又は自治体が新しい行政需要に対応するため、ガバメントクラウド上に全国で共用可能なシステムを迅速に構築・展開することも可能となる。

むろん標準準拠システムへの移行の目標時期である令和7年度までの期間は、全自治体において、全庁的な推進体制の構築、多様な移行作業手順の遂行が求められることから、一時的に作業が集中せざるを得ない場面も想定される。しかしながら、早期から計画的に取り組むことでその負担を平準化することも考えられるところであり、標準化・共通化の取組は、自治体における将来的な人的・財政的負担の軽減や住民の利便性の向上に資することを意識して組織的に取り組むことが重要である。

令和4年8月には、標準化対象システムに係る全ての標準仕様書が策定され、その後、基本方針、地方公共団体情報システムのガバメントクラウドの利用に関する基準（以下「ガバメントクラウド利用基準」という。）など、標準準拠システムへの移行に必要とされる一連のドキュメントが示された（図表5）。こうしたドキュメントが揃ったことにより、自治体

7

が標準準拠システムへの移行プロセスを進めることについて、原則として支障がない状態となっている。また、基本方針において、改めて標準準拠システムへの移行を令和 7 年度までに目指すことが示された。自治体においてはこれらのことを踏まえ、自団体の現時点の進捗状況を確認し、移行目標時期を目指し、それぞれのフェーズにおける手順を着実に進めるよう、より一層努めていただきたい。

図表 5　標準準拠システムへの移行に必要とされる一連のドキュメント

標準化関係法規等関係図

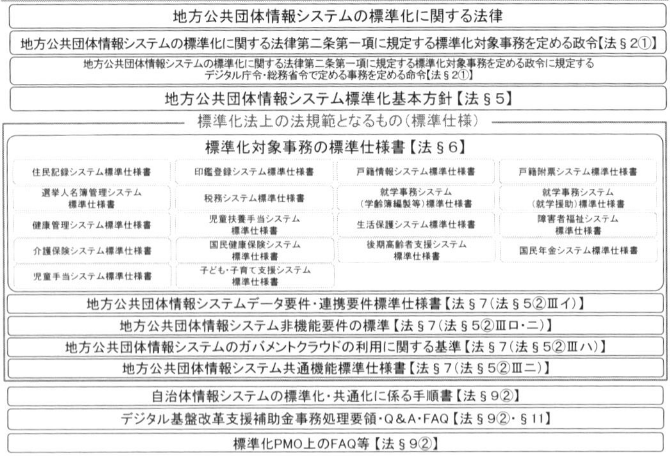

3．標準化・共通化に対する国の主な施策・支援措置等

国は、自治体の情報システムの標準化・共通化に向けて、以下の施策に取り組み、推進していく。各自治体においては、標準化・共通化の取組を推進するに当たり、積極的にこれらの施策を活用されたい。

（1）移行経費に対する財政支援

各自治体が、目標時期である令和７年度までにガバメントクラウド上に構築された標準準拠システムを利用する形態に円滑に移行するため、必要となる準備経費（現行システム概要調査、移行計画策定等）や移行経費（接続、データ移行、文字の標準化、契約変更等に伴う追加的経費等）に対する補助を行っている。ただし、ガバメントクラウド以外の環境（オンプレミスを除く。）で構築された標準準拠システムへの移行については、次の条件をいずれも満たす場合を例外的に対象としている。

① ガバメントクラウドと性能面・経済合理性等を定量的に比較した結果を公表するとともに、継続的にモニタリングを行うこと
② 当該環境とガバメントクラウドを接続し、ガバメントクラウド上の標準準拠システム等と、必要なデータを連携させることを可能とすること

上記の経費については、各自治体に示した上限額の範囲で、補助率を10/10で措置することとされている。

詳細については、地方公共団体情報システム機構（J-LIS）から発出しているデジタル基盤改革支援補助金（地方公共団体情報システムの標準化・共通化に係る事業）に関する事務処理要領等を参照されたい。

9

図表 6　自治体情報システムの標準化・共通化に向けた環境整備

自治体情報システムの標準化･共通化に向けた環境整備

1，825億円 ※四捨五入の関係上、合計額が必ずしも一致しない
(R2第3次補正予算:1，509億円、R3第1次補正予算:317億円)

○　標準化対象の20業務（※）に係る自治体の情報システムについて、クラウド活用を原則とした標準化･共通化に向けた自治体の取組を支援し、令和７年度（２０２５年度）までに標準化基準に適合した情報システム（標準準拠システム）を利用する形態に移行することを目指す。

（※　２０業務（児童手当、子ども･子育て支援、住民基本台帳、戸籍の附票、印鑑登録、選挙人名簿管理、固定資産税、個人住民税、法人住民税、軽自動車税、戸籍、就学、健康管理、児童扶養手当、生活保護、障害者福祉、介護保険、国民健康保険、後期高齢者医療、国民年金)）

概要

● 各自治体が、令和７年度（２０２５年度）までにガバメントクラウド上で構築された標準準拠システムを利用する形態に移行することを目指すため、住民に関する事務処理の基盤となる基幹系情報システムについて、移行のために必要となる経費を支援する（基金に計上）。

※ガバメントクラウド以外の環境（オンプレミスを除く）へ移行する場合においても、
（ア）ガバメントクラウドと性能面･経済合理性等を定量的に比較した結果を公表するとともに、継続的にモニタリングを行うこと、
（イ）ガバメントクラウドと接続し、ガバメントクラウド上の標準準拠システム等と、必要なデータを連携させることを可能とすること
を条件として支援の対象とする。

＜基金の造成先＞　地方公共団体情報システム機構（J-LIS）
＜基金の主な使途＞
○ガバメントクラウドへの移行に要する経費
・ガバメントクラウド上のシステムへの移行準備経費
（現行システム分析調査、移行計画策定等）
・システム移行経費（接続、データ移行等）　など
＜基金の年限＞　令和７年度まで

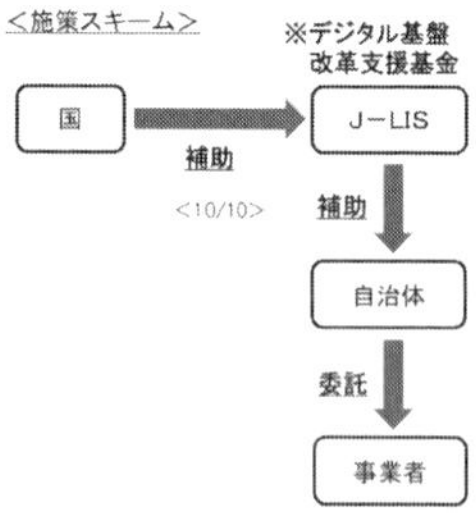

（2）自治体への意見聴取・情報提供等

基本方針では、国は、自治体の移行スケジュール及び移行に当たっての課題を把握し、その解決に自治体と協力して取り組むこととされた。

総務省は、自治体のシステムが標準準拠システムへ円滑に移行できるよう、各自治体の標準化の進捗状況を把握するとともに、各府省において必要な助言や情報の提供等を行うためのツール（以下「PMO ツール」という。）を構築し、デジタル庁、所管府省及び都道府県とも連携して市区町村の進捗管理等の支援を行っている。

PMO ツールでは、自治体が自団体及び他団体の移行作業の進捗状況を把握できるほか、標準化・共通化に向けた作業に関する質問登録・回答受領、デジタル庁及び所管府省を交えての課題の協議、FAQ の参照等が可能となっており、標準化・共通化に係る課題の解消や情報提供等を体系的に実施している。

10

図表 7　PMO ツール画面

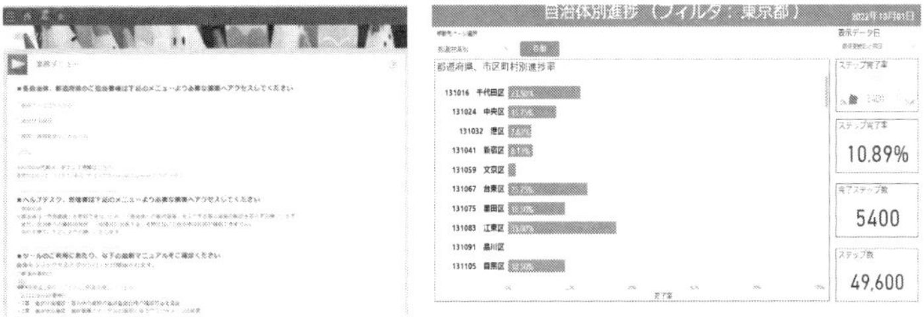

出典：PMO ツール

図表 8　標準化 PMO 概要

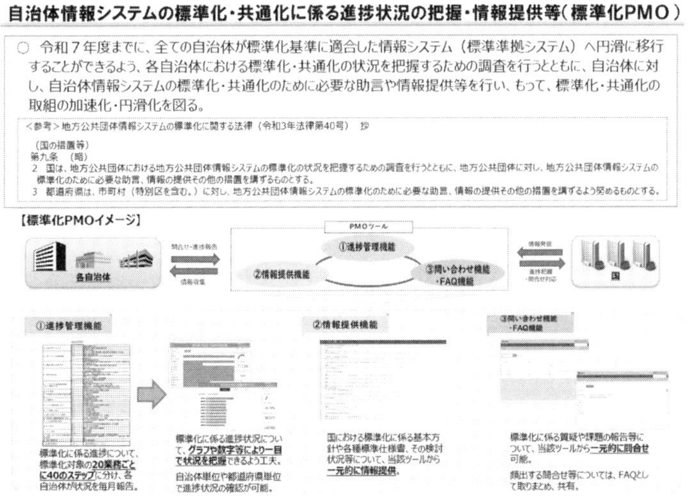

デジタル庁においても、自治体の情報システムの標準化・共通化に向けて、「デジタル改革共創プラットフォーム」を活用し自治体と対話を行っている。

11

加えて、基本方針では、制度所管府省は、各府省で策定した機能標準化基準の作成、変更及び解釈に関する問合せ窓口を、デジタル庁は、共通標準化基準の作成、変更及び解釈に関する問合せ窓口を、それぞれ設け、標準化基準の作成、変更及び解釈に関する情報提供を行うこととされている。

（3）デジタル人材の確保・育成

デジタル庁及び総務省は、都道府県と連携して、複数市区町村での兼務を含め、デジタル人材のCIO補佐官等としての任用等が推進されるように支援することとしており、その詳細については、自治体DX全体手順書4．3及び4．4を参照されたい。

なお、標準化・共通化の取組を進めるに当たっては、利益相反とならないように細心の注意を払いつつ、例えば、標準化・共通化の移行経費の見積りが適正な価格となっているか等の観点からその専門的な知見を生かすことも考えられる。

上記の取組のほか、デジタル庁及び関係府省は、標準仕様書作成の議論の過程の透明化やウェブサイト等への公表、目標・取組・スケジュール等の段取りに係る自治体への情報提供、自治体への意見聴取等を行っており、各自治体はこのような機会を積極的に活用し、情報収集に取り組むことが望ましい。

第2章　自治体における作業手順

1．作業の全体像

標準準拠システムへの移行に当たっては、「計画立案」、「システム選定」、「移行」の3つのフェーズに沿って、それぞれ概ね以下に示すような作業項目が想定される。

これらの作業項目の一覧及び各作業項目における想定月数は、図表1のとおりであり、併せてモデル的な移行スケジュールの例を図表11、図表12及び図表13のとおり示している。

しかしながら、自治体の置かれた状況は、例えば、パッケージソフトかスクラッチ開発か、パッケージソフトの場合オールインワンかマルチベンダ下での複数導入か、カスタマイズしているかどうかといった現行のシステム構成、現行のシステム契約の状況、自治体における標準化・共通化の取組に関する推進体制の規模、ベンダの標準準拠システムの開発時期等に応じて、多種多様であることから、各自治体に対して、本モデルスケジュールどおりの移行スケジュールの作成を求めるものではない。

むしろ、こうした多種多様な状況下にあっても、本手順書「はじめに」の「2．標準化・共通化の特徴」に記載したとおり、早期に自団体の置かれた状況を把握するため、現行システムの概要調査を実施することなどにより、それぞれの自治体の実情に応じた移行計画を作成し、取組を進めることが重要となる。

また、各作業項目に取り組むに当たっては、更に次の点にご留意願いたい。

（1）　作業の順番・省略について

作業項目①から⑰までは、自治体側で想定される作業を順番に並べたものではあるが、必ずしも、各作業項目が終わり次第、次のステップに進むことを前提とするものではなく、自治体のシステムの状況等に応じて、各作業を同時に進めることや作業手順を省略することも十分に考えられるところであり、柔軟に対応されたい。

（2）　移行方式等に応じた作業項目

システムの移行方式は、各自治体において、標準化・共通化の取組の趣旨を踏まえ適切なプロセス・比較検討を経た上で、ベンダ切替の有無に応じて次のA又はBの2パターンに分類されることが想定される。

13

移行方式の選択に当たっては、現行以外も含めたベンダ各社のシステムの費用、機能等を比較することが重要であり、作業項目⑤から⑦のRFIはその代表的な手法の一つである。ただし、RFIについて詳細な内容を当初から求めることでかえって情報が得られないケースも考えられることから、パターンの検討に当たっては、まずは、パッケージ製品の標準仕様対応の有無、提供可能時期など必要最小限の情報に限って情報収集することも考えられる。

なお、これらの検討の結果としてBパターンを選択した場合、作業項目⑨及び⑩は省略されるほか、その他の作業項目についても、パターンAかBかに関わらず、各自治体の実情を踏まえて一部の作業項目を省略することも考えられる。

また、現行のシステムをスクラッチ開発している自治体やパッケージベンダが撤退する自治体についても、標準化・共通化の取組の趣旨を踏まえ、原則としてパッケージシステムの利用が想定されることから、A又はBのいずれかのパターンに分類されるものと想定している。

なお、本手順書として、A又はBのいずれかのパターンを推奨するものではなく、現行システムの契約状況やベンダ各社との協議状況等を踏まえ、各自治体において、A又はBのパターンで得られる効果や移行スケジュールの実現性等を比較衡量し、適切なパターンを選択することが重要である。パターンの選択については、ベンダ各社の状況など自治体とは別の主体の状況によっても影響を受けるものであることから、ベンダ各社との協議状況等によっては、パターンに関する方針転換など、柔軟な対応も必要となると考えられる。

図表9 システム移行に係る自治体の類型

パターン	概要
Aパターン	ベンダ切替により標準化基準に適合するパッケージを利用するパターン
Bパターン	ベンダを切替えず標準化基準に適合するパッケージにバージョンアップするパターン

それぞれの作業項目の詳細については、「3．フェーズごとの作業項目」にて詳述するので、併せて参照されたい。

14

図表10　標準化・共通化対応に係る自治体作業の全体像

フェーズ	作業項目（大項目）		作業項目（小項目）	自治体作業概要（想定月数） 全自治体共通
計画立案	①	**推進体制の立上げ**	1-1 推進体制案の作成 1-2 関連部局との調整・担当者名簿の作成 1-3 首長等への報告	首長のリーダーシップの下、関係部局を特定し、担当者・推進体制を構築する。（1～3か月） ✓ 広域連合や複数の自治体間等において、現行システムを他団体と共同利用（自治体クラウド等）している場合は、他団体との合意等に時間を要することに留意すること。（～3か月）
	②	**現行システムの概要調査**	2-1 現行システム環境の基礎調査（基礎情報・契約範囲等に係る調査） 2-2 連携一覧の調査・作成 2-3 移行に係る現行システムベンダとの打合せ・役割の認識合わせ 2-4 概要調査結果の取りまとめ	現行システムについて、業務システムの基礎情報、外部委託状況、周辺機器、連携一覧等について調査を行う。（1～3か月）。
	③	**標準仕様との比較分析**	3-1 標準化対象範囲の確認（標準仕様書と現行システムとを比較し調達範囲・単位の差異を洗い出し） 3-2 Fit&Gap 分析による課題（運用見直しが必要な業務等）の洗い出し	標準仕様と現行システムとのFit＆Gap分析を実施する。標準仕様書と差異があり標準準拠システムの利用に向けて個別の対応（業務フローの見直し等）を要する項目があれば標準仕様書対応表に記載する。（3～4か月）
	④	移行計画作成	4-1 移行方針や調達範囲・単位の検討（周辺機器・外部委託含む） 4-2 調達方式（指名型/公募型プロポーザル方式 or 総合評価落札方式 or 最低価格落札方式等）の検討 4-3 調達スケジュールの検討（RFI、RFP、予算計上、移行時期等） 4-4 移行に当たっての課題と対策の整理	作業項目②・③及び標準仕様書等を踏まえ、標準準拠システムへの移行計画を作成する。（2か月）

<table>
<tr><th rowspan="2">フェーズ</th><th colspan="2" rowspan="2">作業項目（大項目）</th><th rowspan="2">作業項目（小項目）</th><th colspan="2">自治体作業概要（想定月数）</th></tr>
<tr><th>Aパターン</th><th>Bパターン</th></tr>
<tr><td rowspan="6">システム選定</td><td>⑤</td><td>ベンダに対する情報提供依頼（RFI）資料の作成</td><td>5-1 RFI 資料の作成
5-2 標準仕様書のうち「標準オプション機能」に関する方針（求める機能の整理、優先順位付け）の決定
5-3 標準準拠システム以外の情報システムに関する RFI 資料の作成</td><td colspan="2">RFI を実施するための資料を作成する。（1～4か月）
✓ 標準準拠システムの影響を受けて更改を検討する標準準拠システム以外のシステムについても調達する場合は、同様に RFI 用の資料を作成する。（3～4か月）</td></tr>
<tr><td>⑥</td><td>RFI の実施</td><td>6-1 RFI 資料に関するベンダからの質問への回答
6-2 ベンダからの RFI 回答受領</td><td colspan="2">作業項目⑤で作成した資料を基に、ベンダに RFI を実施する。（1～4か月）
✓ 現行システムでスクラッチ開発を行っている自治体やパッケージベンダが撤退する自治体が RFI を実施する場合は、ベンダによる回答作成・デモンストレーション等に長期間要することに留意すること。（～4か月）</td></tr>
<tr><td>⑦</td><td>RFI 結果分析及び移行計画の詳細化</td><td>7-1 RFI 結果の分析
7-2 移行計画の詳細化・変更</td><td colspan="2">作業項目⑥において収集した情報の集約・分析後、移行計画の詳細化・変更を行う。（1～3か月）
✓ 調達単位を細かく分けて RFI を実施した場合は、情報の整理・分析に時間を要することに留意すること。（～2か月）</td></tr>
<tr><td>⑧</td><td>予算要求</td><td>8-1 予算根拠資料の作成
8-2 予算要求・財政部局等との調整</td><td colspan="2">RFI 結果を勘案し、標準準拠システムへの移行経費の予算要求を行う。（2か月）</td></tr>
<tr><td>⑨</td><td>ベンダへ提案依頼（RFP）</td><td>9-1 RFP 資料の作成
9-2 RFP 資料に関するベンダからの質問への回答
9-3 ベンダからの RFP 回答受領</td><td>最終的な調達仕様を確定し、各ベンダへ提案依頼（RFP）を行う。併せて、調達の方式にあった様式等（実施要領や評価基準）を作成する。（3か月）※（1）</td><td>－</td></tr>
<tr><td>⑩</td><td>ベンダ選定・決定</td><td>10-1 ベンダ評価の実施
10-2 ベンダの選定・決定</td><td>提案書、デモンストレーション、プレゼンテーション等の評価を通じて、標準準拠システム提供ベンダを決定する。（1～2か月）※（2）</td><td>－</td></tr>
</table>

16

<table>
<tr><th rowspan="2">フェーズ</th><th rowspan="2" colspan="2">作業項目（大項目）</th><th rowspan="2">作業項目（小項目）</th><th colspan="2">自治体作業概要（想定月数）</th></tr>
<tr><th>Aパターン</th><th>Bパターン</th></tr>
<tr><td rowspan="2">システム選定</td><td>⑪</td><td>契約・詳細スケジュール確定</td><td>11-1 ベンダとの契約協議の実施
11-2 システム移行に係る詳細スケジュールの確定</td><td colspan="2">標準準拠システム提供ベンダと契約を行い、データ移行日等の詳細なスケジュールを確定する。（1～2か月）※(3)</td></tr>
<tr><td>⑫</td><td>特定個人情報保護評価（PIA）</td><td>12-1 特定個人情報保護評価（PIA）の実施</td><td colspan="2">特定個人情報保護評価書の作成及び個人情報保護委員会への提出やパブリックコメントを実施する。（2～4か月）</td></tr>
<tr><td rowspan="6">移行</td><td rowspan="2">⑬</td><td rowspan="2">システム移行時の設定</td><td rowspan="2">13-1 システム移行時の設定(標準準拠システムの運用方法の検討・確定、システムの機能確認等)</td><td colspan="2">標準準拠システムを基に運用のシミュレーションを行い、標準準拠システムの運用方法を検討・確定する。</td></tr>
<tr><td>採用した新規システムの機能を整理し、画面や帳票等を見ながら、機能の詳細を確認する。（4～6か月）</td><td>ベンダより現行システムからの変更点の説明を受け、次期システム利用に向けた各種設定の協議を行う※(4)。（2か月）</td></tr>
<tr><td rowspan="2">⑭</td><td rowspan="2">データ移行</td><td rowspan="2">14-1 データクレンジングや文字の同定基準に関するベンダとの調整
14-2 データクレンジングの実施
14-3 最終データ移行の実施・結果確認</td><td colspan="2">データ移行等について調整を行い、現行ベンダで既存データの整理・抽出・データクレンジングを行う。その後、標準準拠システム提供ベンダにてデータ移行を実施し、データ移行結果を確認する。併せて、文字情報基盤文字への文字データ変換作業も行う※(5)。（4～6か月）</td></tr>
<tr><td colspan="2">✓ ベンダを切り替えた場合、現行システムから抽出したデータの分析・現行仕様に関する問合せ、変換仕様の設計、移行結果の確認等に期間を要することに留意すること。（～6ヶ月）
✓ 現行システムがマルチベンダの場合、現行システムからのデータ抽出の仕様提供、基準日、受け渡し方式等に関するベンダ間調整に期間を要することに留意すること。（～6ヶ月）</td></tr>
<tr><td rowspan="2">⑮</td><td rowspan="2">運用テスト・研修</td><td rowspan="2">15-1 運用テストの実施
15-2 研修の実施</td><td colspan="2">テストデータ準備、テスト及び確認を行う。（2～6ヶ月）
標準準拠システム提供ベンダより次期システムの操作等に関して研修を受ける。（1～2ヶ月）</td></tr>
<tr><td colspan="2">✓ スクラッチ開発からの移行の場合は、他のパターンと比較し、テストに時間を要することに留意すること。（～6か月）</td></tr>
</table>

フェーズ		作業項目（大項目）	作業項目（小項目）	自治体作業概要（想定月数）	
				Aパターン	Bパターン
移行	⑯	**次期システムに合わせた既存環境の設定変更**	16-1 既存環境の設定変更に向けた調整（必要機器の調達等） 16-2 既存環境の設定変更（標準準拠システムと庁内ネットワーク接続の設計、構築等）	標準準拠システムと庁内ネットワーク接続、構築、端末整備等を行う。また、他業務とのデータ連携項目、ファイル形式、処理タイミング等を確認の上、データ連携のテスト・変更を行う。（4か月）	
	⑰	条例・規則等改正	17-1 条例・規則の改正	標準準拠システムを利用する場合の運用や出力される帳票等を確定し、議会日程を勘案しながら、必要に応じて条例・規則等の改正を行う。（4か月）	

・作業項目がゴシックフォント太字になっている項目は、通常のシステム移行と比較して、標準化・共通化の取組において特に必要となるものを示している。
・作業項目毎の想定月数は、令和３年度における「自治体システムの標準化・共通化を推進するための調査研究業務」の受託事業者が過去の自治体システム更改における実績値を元に算出した作業目安を参考として示したもの。
※（1）・（2）・（3）については、マルチベンダで標準準拠システムへの移行を想定している場合、ベンダ毎に同作業が必要となる。
※（1）・（2）については、政令指定都市において、システム調達で一定以上の予定価格の場合、WTO 案件として総合評価方式による調達となることで契約までの期間が想定月数より多くなる可能性があるので、十分に留意すること。
※（4）「各種設定の協議」とは、ベンダより現行システムから機能変更がある点について説明を受け、該当機能の使用方法等について協議を行うプロセスなどを想定している。
※（5）「2．早急に着手すべき作業」に記載のとおり、前倒して実施することが望ましい。
※PMO ツールにおいては、上記の作業項目に「18-1 運用開始ステータス」を加えた 40 ステップとしている。

図表 11　令和４年度から移行準備を行う場合のスケジュール例

PMO ツールで集計したところ、令和４年 11 月１日時点で、①推進体制の立上げについて概ね半数の団体で着手済み（ステップ 1-1「推進体制案の作成」について、完了済み 38.32%、作業中 13.72%となっている。）であり、未着手の自治体においては本図表を踏まえ、早急に移行作業を開始することが望ましい。

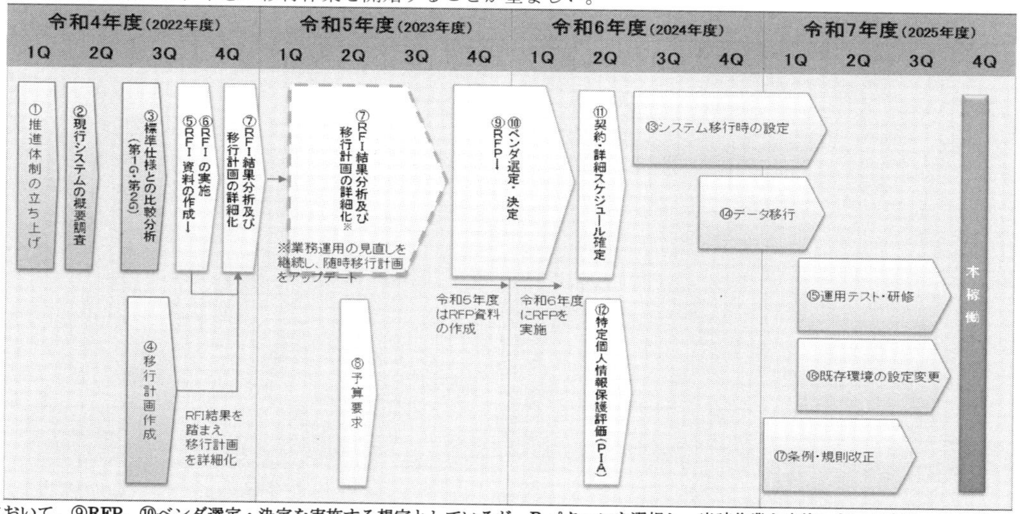

本例において、⑨RFP、⑩ベンダ選定・決定を実施する想定としているが、B パターンを選択し、当該作業を実施しない場合は、スケジュールを前倒しすることも可能と推察。また、移行フェーズの所用期間はベンダによって異なるため、各自治体において早期に、ベンダの想定移行スケジュールを確認することが望ましい。

19

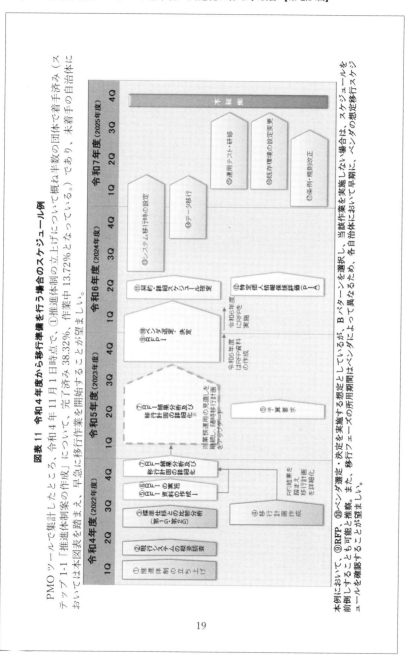

図表12 Aパターンのモデルスケジュール例
（作業項目ごとに要する想定月数を積み上げた際のスケジュール例（※））

【Aパターン:ベンダ切替】

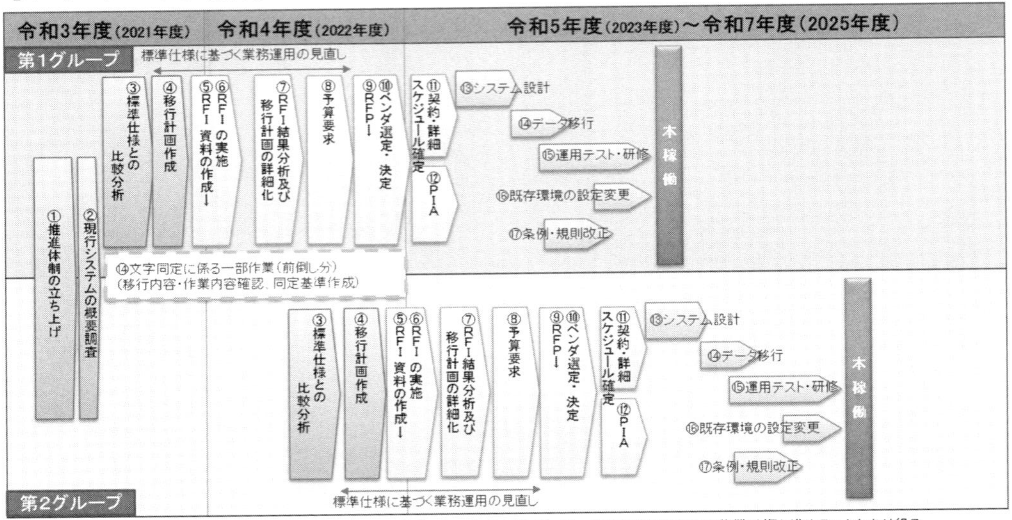

※第1グループと第2グループを分けたスケジュールとしているが、オールインワンパッケージの場合はまとめて作業手順を進めることもあり得る。

図表 13　B パターンのモデルスケジュール例
（作業項目ごとに要する想定月数を積み上げた際のスケジュール例（※））

【Bパターン：バージョンアップ】

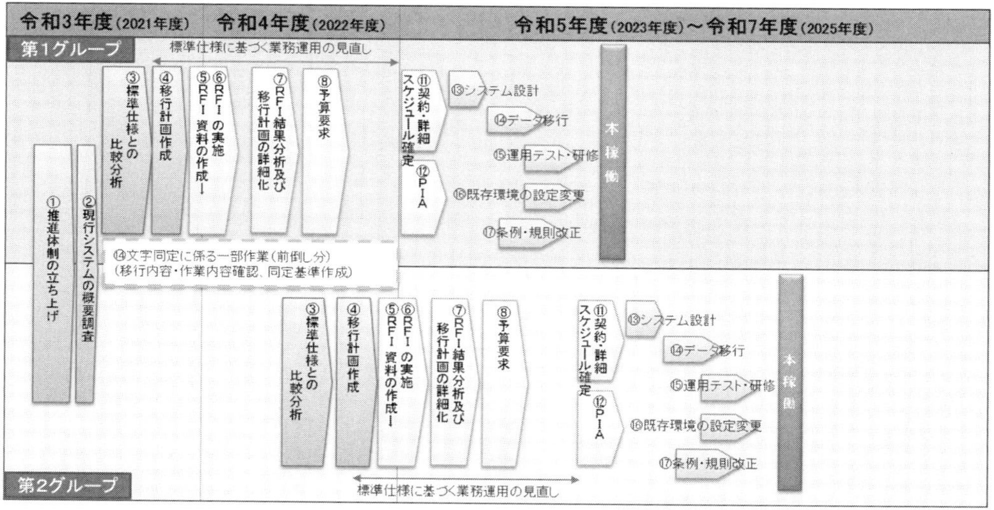

※RFP及びベンダ選定・決定の作業を行わない（⑨・⑩）。
※機能の詳細確認や操作研修等、導入・移行フェーズ時に一部作業が簡略化される（⑬～⑯）。
※第1グループと第2グループを分けたスケジュールとしているが、オールインワンパッケージの場合はまとめて作業手順を進めることもあり得る。

21

（※）モデルスケジュールの前提条件

・モデルスケジュール例中の本稼働時期は、第１グループ、第２グループともに、標準仕様書が公開された後（令和３年夏又は令和４年夏）に、自治体として行うべき作業項目（①から⑰まで）毎に想定される月数を積み上げたものである。政令指定都市においては、システム調達で一定以上の予定価格の場合、WTO案件となり、総合評価方式による調達で、モデルスケジュールで示した調達期間より長くなる可能性があるので、十分に留意すること。

2．早急に着手すべき作業

標準準拠システムへの移行の目標時期は令和7年度とされており、目標時期までの作業を平準化するため、実施可能な作業から取り組むことが何よりも重要である。特に庁内体制立上げや各種調査に加えて、現行ベンダや他のシステムベンダとの意見交換等も積極的に行い、移行準備に着手することが望ましい。

図表10で示した作業の全体像のうち、図表14に掲げる作業項目については特に早期に実施可能であると想定される。

図表14　早期に実施可能な作業項目

No.	作業項目	本手順書内の記載頁数
①	推進体制の立上げ	P.26～29
②	現行システムの概要調査	P.29～36
③	標準仕様との比較分析	P.37～52
④	移行計画作成	P.53～64
⑤	ベンダに対する情報提供依頼（RFI）資料の作成	P.65～69
⑥	RFIの実施	P.70～71
(⑭の一部)	データクレンジング・文字同定作業	P.78～80、P.82～83

このうち作業項目①「推進体制の立上げ」及び作業項目②「現行システムの概要調査」は、標準化・共通化の取組の入口であることから、早期に実施することが望ましい。

作業項目③「標準仕様との比較分析」については、現時点の標準仕様書の範囲でFit&Gap分析を行い、今後、標準仕様書の改定があった場合には、当該仕様の差分を抽出し、その部分のみ追加でFit&Gap分析を行うことが望ましい。

作業項目④「移行計画作成」については、ガバメントクラウドに関する検討状況等を踏まえて詳細化・変更する必要があるが、移行時期、予算計上時期等については早期に検討することが望ましい。

作業項目⑤「ベンダに対する情報提供依頼（RFI）資料の作成」及び作業項目⑥「RFIの実施」についても、ベンダから可能な限り早く情報収集を行う観点から、早期に実施することが考えられる。

23

また、標準準拠システムへの移行に伴う文字情報基盤文字への対応についても、作業内容の確認及び同定基準作成等について、早期にベンダとの協議を開始することが望ましい。また、データクレンジングにおいても、現行ベンダの協力を得ながら、データチェック等を事前に行うことで、移行フェーズ時の作業負担を軽減することも可能である。

なお、現行システムでスクラッチ開発を行っている場合や、パッケージベンダが撤退する等の理由により、自治体において多岐にわたる移行作業が見込まれる場合や効率的かつ速やかな事業遂行に著しい支障が生じる場合には、作業項目②「現行システムの概要調査」から作業項目⑥「RFIの実施」までの作業については、外部委託の活用も選択肢として考えられる。

※ 文字同定作業については、現在デジタル庁において文字要件の詳細検討を実施されているところであり、令和4年内に文字同定作業の方針が策定され、令和4年度末に文字同定基準や「文字情報基盤として整備された文字セット（MJ+）」への変換マップの提供時期等の文字同定に向けた具体な内容が示される予定であるため、本作業のスケジュールについては留意が必要である。

3．フェーズごとの作業項目

（1）　計画立案フェーズ

計画立案フェーズにおいては、まず首長のリーダーシップによる推進体制の立上げ及び現行システムの基礎情報の調査を実施する。

その後、標準仕様書と現行システムの仕様・現行の業務フローとの差異の分析や移行計画の作成を行う。

自治体の置かれた状況は、現行システムの状況や契約状況等に応じて多様であるが、本フェーズについては、どの自治体においても可能な限り早期に実施することが望ましい作業であることから、「2．早急に着手すべき作業」で記載したとおり、本手順書に沿って早期に着手することを推奨する。

図表 15　計画立案フェーズの各項目の役割及び記載頁数

	記載頁数	各項目の役割
①推進体制の立ち上げ	P.26～29	庁内の体制構築の立ち上げ手順について説明
②現行システムの概要調査	P.29～36	現行システム調査の対象項目やそれぞれの用途及び重要度等について説明
③標準仕様との比較分析	P.37～52	現行システムと標準仕様の業務フロー・機能・帳票とのFit&Gap分析の観点等について説明
④移行計画作成	P.53～63	移行計画に記載すべき内容、作成・見直しのタイミングについて説明

① 推進体制の立上げ

標準準拠システムへの移行に向けては、早急に全庁的な推進体制を立ち上げ、部局横断的に取り組みながら、国の標準化・共通化に係る検討状況の把握、現行ベンダとの協議、着手可能な調査の実施等を進めることが重要である。そのためには、標準化対象システムを所管する関係部局を特定し、目標時期である令和7年度までのおおまかなスケジュールや当該年度に実施する作業項目を想定しつつ、推進体制を早急に整備する必要がある。

推進体制の立上げに関しては、自治体DX全体手順書【第2.0版】(令和4年9月2日総務省）に手順が示されていることから、まずは当該手順書を確認すること。

なお、標準化・共通化の検討初期の段階で全庁的な推進体制を立ち上げることが困難な場合は、作業項目②「現行システムの概要調査」で述べる調査等を実施し、移行計画をある程度まとめてから最終的な推進体制を整備するといった段階的な手順を取ることも考えられる。

ただし、いずれの場合においても、首長のリーダーシップの下、標準化・共通化の取組に係る体制整備が重要である。

また、標準準拠システムへの移行の目標時期が令和7年度とされており、かつ、自治体内部でも関係部署は多岐にわたることから、全体の進捗管理が鍵となる。そのため、いわゆるPMO(Project Management Office)の役割を担う部署を定めておくことも考えられる。進捗管理の支援を要する場合には、例えば、外部人材の任用や複数市区町村による共同設置等も選択肢となり得る。

【推進体制の立上げの例】

ア）自治体DX全体手順書を参考に、DXの司令塔としての役割を果たすDX推進担当部署を設置し、当該部署を事務局、首長を本部長としたDX推進本部を設置する。

26

イ）当該推進本部の下に、標準化・共通化に関するプロジェクトチームを設置する。

✓ プロジェクトチームの設置に当たっては、あらかじめ事務局であるDX推進担当部署において、標準化・共通化対象業務担当部署を選定し、現行の標準化・共通化対象業務システムの更新時期等も整理しておく。

✓ 標準化・共通化の取組は、標準準拠システムに合わせた事務の見直しや業務連携のための部署間の調整等が必要となることから、プロジェクトチームは標準化・共通化対象業務担当部署の中堅職員（課長補佐・係長級）で構成する。

✓ DX推進本部は、数月に1度の開催とし、詳細な調整等を行うプロジェクトチームは毎月定例で行う（必要に応じて臨時で開催する。）。

✓ プロジェクトチームのキックオフにおいては、例えば、①プロジェクトチームの推進体制、②標準化・共通化の背景や考え方（標準化法の説明など）、③上記で整理したシステムの更新時期等を踏まえた今後のスケジュールを説明することが考えられる。また、ウ）での作業依頼を見据えて、早急に着手すべき事項についても説明を行うことも効率的である。早急に着手すべき事項についての概要資料を別紙に示すので、活用されたい。

ウ）事務局から本手順書に記載の早急に着手すべき事項について、構成員に作業を依頼する。

✓ 具体的には、まず「現行システムの概要調査」、「標準仕様書の確認（Fit&Gap分析）」、「業務フローの見直し」等の作業を進めるよう依頼する。各部署において「標準仕様書の確認（Fit&Gap分析）」、「業務フローの見直し」等の作業を円滑に進めるために、事務局が専門的な知見を有する外部コンサルタントへ作業支援の委託を行うことも考えられる。

27

図表 16　標準化・共通化の取組における組織体制全体イメージ図

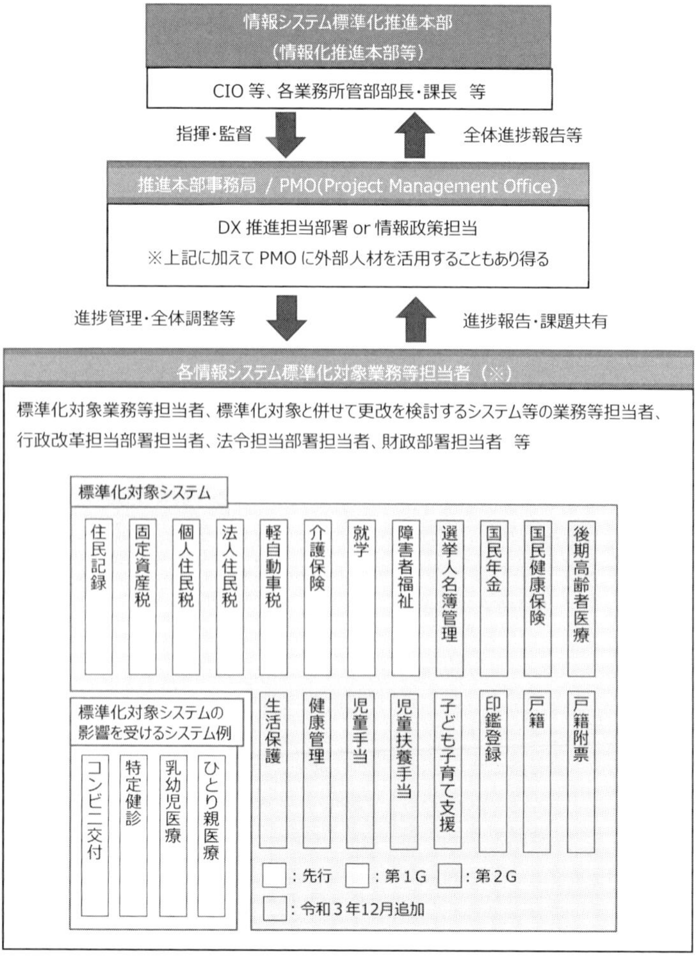

（※）共通機能の取扱いについて

各システムには、地方公共団体情報システム共通機能標準仕様書【第1.0版】（以下「共通機能標準仕様書」という。）で示されているとおり、申請管理機能、庁内連携機能、住登外者宛名番号機能、団体統合宛名機能、EUC 機能等の共通する機能要件がある。当該機能の検討については、情報政策部署等が庁内を取りまとめ、方針を決定することが望ましい。

②現行システムの概要調査

標準化・共通化の取組を進めるに当たっては、まずは各自治体において現行システム環境の情報を整理し、把握する必要がある。

現行システムの概要調査をすることで、標準準拠システムや、標準準拠システムと併せて更改を検討するシステムに関し、作業項目⑥「RFI の実施」や作業項目⑨「ベンダへ提案依頼（RFP）」を実施する際に、現行システムに関するより正確な情報をベンダに提供できることから、各自治体にとって最適な提案を受けることにつながる。

ア）現行システム環境の基礎調査

現行システム環境の基礎調査においては、現行ベンダの協力のもと、図表 17 のとおり、「業務システムの基礎情報」から「周辺機器」にいたるまで、広範な調査を実施する必要がある。調査の実施に当たっては、併せて、データ移行作業のため現行ベンダがデータを抽出する際に追加的費用が発生するか否か等、現行ベンダとの契約内容や見直しの可否についても十分に確認・調整しておくことが重要である。

必ずしも調査票の全ての項目について調査を行わなければならないわけではないが、本調査結果は、作業項目④「移行計画作成」や作業項目⑥「RFI の実施」、作業項目⑨「ベンダへ提案依頼（RFP）」におけるベンダへの情報提供に活用する基礎的な資料となる。そのため、図表 17 に記載されている「重要度」も加味した上で、可能な限り調査を行うことが望ましい。その際、業務システムだけでなく、共通機能や基盤（宛名、職員認証、運用監視等）も含めて調査を行うことで移行作業の円滑化を図ることができる。

29

図表 17　基礎調査項目

分類	調査項目	情報の用途	重要度※	調査様式例
業務システムの基礎情報	業務システム名	庁内の推進体制、標準準拠システムへの移行時期等の検討に活用	高	図表 18
	業務主管部署（担当課）			
	システム所管部署（予算執行部署）			
	現行システムのパッケージ製品等の名称			
	現行システム構築ベンダ			
	現行システム運用保守ベンダ			
	現行システム利用開始年月			
	現行システム契約終了年月			
	標準準拠システムの利用開始希望年月			
外部委託状況	帳票印刷	各種外部委託業務の要否の判断、費用見積りの根拠として活用	中	
	パンチ業務			
	封入・封緘・発送			
	その他委託作業（窓口業務委託状況等）			
システム利用拠点	現行システムの利用拠点・住所	次期システム環境の検討に活用	低	図表 19
システム利用状況（業務主管部署ごと）	利用対象業務システム	次期システム環境の検討に活用	低	図表 20
	システム利用者数			
	システム端末台数			
データ量	業務ごとの対象データ項目（住民登録者数、地区別の人口等）	次期システムへのデータ移行に係る費用見積りの根拠として活用	低	図表 21
	各データの対象数			
	各データの集計日・集計期間			

分類	調査項目	情報の用途	重要度※	調査様式例
周辺機器	種類（プリンター、スキャナ、OCR等）・台数	各種周辺機器の要否の判断、費用見積りの根拠として活用	中	図表22
	設置場所			
	用途			
	型番・品番			
	性能要件（カラー/白黒、印刷速度等）			

※重要度　高：庁内検討及びRFI・RFP時の情報提供として必須となる項目
中：RFI・RFP時のベンダ見積りに与える影響が大きい項目
低：RFI・RFP時のベンダ見積りに与える影響が比較的小さい項目

図表 18　業務システムの基礎情報及び外部委託状況調査シート様式の例

対象業務		業務主管部署（担当課）	システム所管部署（予算執行部署）	現行システム			現行利用開始年月	現行契約終了年月	準拠システム利用開始希望年月	外部委託の状況				備考
No.	業務システム名			パッケージ製品等の名称	構築ベンダ	運用保守ベンダ				帳票印刷	パンチ業務	封入・封緘・発送	その他	
1														
2														
3														
4														
5														

図表 19　システム利用拠点の調査シート様式の例

No.	利用拠点名	住所
1		
2		
3		
4		
5		

31

図表 20　システム利用状況の調査シート様式の例

業務主管課	利用者（係/担当）	利用人数	端末台数	業務システム名																備考
				住民記録	個人市民税	法人市民税	固定資産税	軽自動車税	○○○	×××	△△△	⋮								

図表 21　データ量の調査シート様式の例

調査対象業務量					集計日/集計期間	各業務における対象数	業務主管部署
No.	業務名称	項目	データ名称	補足			担当課
1	住民記録	住民記録	住民登録者数				
2	個人市民税	個人市民税	普通徴収対象者数				
3			特別徴収義務者数				
4			課税対象者数				
5		確定申告支援	普通徴収対象者数				
6			特別徴収義務者数				
7			課税対象者数				
8	○○○						
9	×××						
10	⋮						

図表 22　周辺機器の調査シート様式の例

基幹系プリンタ

No.	台数	個別の機能・性能要件									備考
		①プリンタの分類 高速（連帳）/レーザ/ドットインパクト単票等	②設置場所	③用途	④型番・品番（社名：型番・品番）	⑤カラー／白黒	⑥対応用紙（A3、不定形など）	⑦印刷速度	⑧トレイ数	⑨手差し有無	
1											
2											
3											
4											
5											

その他周辺機器

No.	台数	個別の機能・性能要件				備考 ※スキャナやOCRの速度などのスペック指定がある場合は記入
		①周辺機器の分類 スキャナ/OCR/バーコードリーダ/圧着機/その他	②設置場所	③用途	④型番・品番（社名：型番・品番）	
1						
2						
3						
4						
5						

このほか、図表 23 に掲載されている資料について用意できる場合は、図表 17 の基礎項目調査や作業項目③「標準仕様との比較分析」にて後述する Fit&Gap 分析等の参考資料とすることができる。

図表 23　現行システム・現行業務に関する参考資料

No.	情報項目
1	現行システム機能要件一覧
2	現行システム帳票要件一覧
3	現行業務フロー（業務の流れ、頻度等）
4	現行ベンダとの契約内容
5	現行システムの運用保守設計書
6	年間業務スケジュール

イ）連携一覧の作成

ア）の調査項目に加え、標準化・共通化の取組を進めるに当たっては、現在利用しているシステム間での住民情報等のデータ連携についても調査をすることが求められる。

これは、自治体によって現行システム間で連携しているデータ項目や、連携方式（自動・手動）、処理タイミング（即時、日次等）等が異なるが、標準準拠システムにおいては連携要件の標準に定められたとおりにデータ連携が実装されることとなるため、作業項目③で実施する「標準仕様との比較分析」において、現行システムと標準仕様との差異を洗い出し、標準仕様の業務フローに基づく BPR を実施する際に必要となるものである。

具体的には、図表 24 で示す「（1）標準化対象システム間の連携」、「（2）標準化対象システムと標準化対象システム以外のシステム間の連携」及び「（3）標準化対象システム以外のシステム間の連携（今回併せて更改を検討するシステムに関連する連携）」について調査が必要である。

33

図表 24　連携一覧の整理の対象

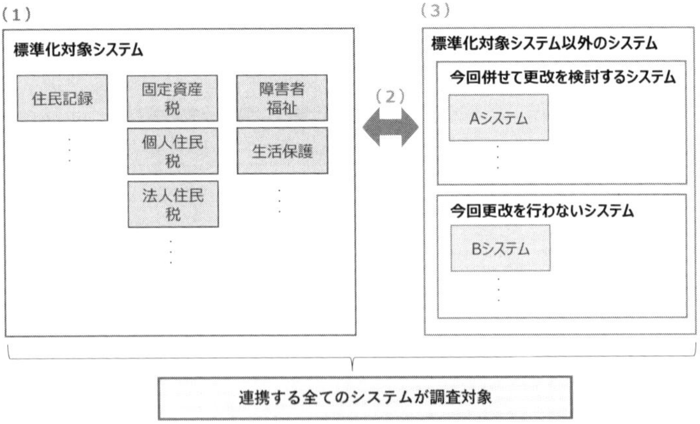

連携については、各自治体によってその態様も多様であることから、庁内の業務主管部署や現行ベンダ等とともに、網羅的、かつ、正確に把握しておくことが望ましい。

【現行システムでスクラッチ開発の自治体における留意点】

特に現行システムでスクラッチ開発を行っている自治体においては、現行システムの分析や見積り作成に、長期間を要することが見込まれることに留意し、現行ベンダと早期にスケジュールや段取り等の協議を行う必要がある。

図表 25　連携一覧調査項目

分類	調査項目	調査様式例
現行システム連携	データ作成元・データ連携先・連携方向	図表 26
	連携情報名・主な項目（例：住記情報、住民税情報、生活保護情報　等）	
	連携方式（例：自動・手動）	
	処理タイミング（例：即時・随時・日次・週次・月次・年次）	
	調達範囲外システムとの連携対象（該当・非該当）（調達範囲が確定していない場合は空欄でも可）	
	データ連携時のコード変換の有無	
	コード変換の仕様	

図表 26　連携一覧の調査シート様式の例

No.	データ作成元システム	方向	データ連携先システム	連携情報名・主な項目	連携方式	処理タイミング	調達範囲外システムとの連携対象	コード変換の有無	コード変換の仕様	備考
例	住民記録（〇〇システム株式会社）	→	後期高齢（〇〇システム株式会社）	住記異動情報	自動	日次	該当	有	UNICODE（UTF-16）またはJIS	
1										
2										
3										
4										
5										

なお、連携要件の標準については、「地方公共団体情報システムデータ要件・連携要件標準仕様書【第1.0版】」（令和4年8月デジタル庁）にて以下のとおり示されている。

○連携要件の標準について

連携要件の標準とは、各標準準拠システムが機能標準化基準を実現することができるよう、かつ、標準準拠システム以外のシステムと円滑なデータ連携を行うことができるよう、標準準拠システムから、他の標準準拠システム及び標準準拠システム以外のシステムに対し、データ要件の標準に規定されたデータ項目を、データ連携するための要件（(a)どのような場合に、(b)どのデータを、(c)どの標準準拠システム等に対し、どのように提供（Output）又は照会（Input）するかについての要件）とそのためのデータ連携機能の標準である。

標準準拠システムは、連携要件の標準に定めるとおり、システムを実装しなければならない。

ただし、事業者が複数の標準化対象事務に係る標準準拠システムを、１つのパッケージとして一体的に提供する場合においては、当該パッケージ内におけるデータ連携については当該事業者の責任において対応することとし、必ずしも、データ連携機能の要件に定めるとおり、データ連携機能を実装する必要はない。

③標準仕様との比較分析

標準仕様書が作成された後、各自治体において、標準仕様書に記載されている業務フローや機能・帳票要件等について、現行の業務とのFit&Gap分析を実施する必要がある。

一般にFit＆Gap分析は、自治体としてシステムに求める要件とベンダが開発するシステムとの違いを分析し、自治体として求める要件に合わせていくケースが多いが、標準化・共通化の取組は、標準仕様に対して、現行システムとの差を分析し、標準仕様に合わせていくという視点に立ったFit＆Gap分析を行う点に留意されたい。

また、Fit＆Gap分析を行うに先立ち、標準仕様を詳細に確認する必要があるが、その際の確認の流れについては、図表27を参照されたい。

図表27　標準仕様確認の流れ

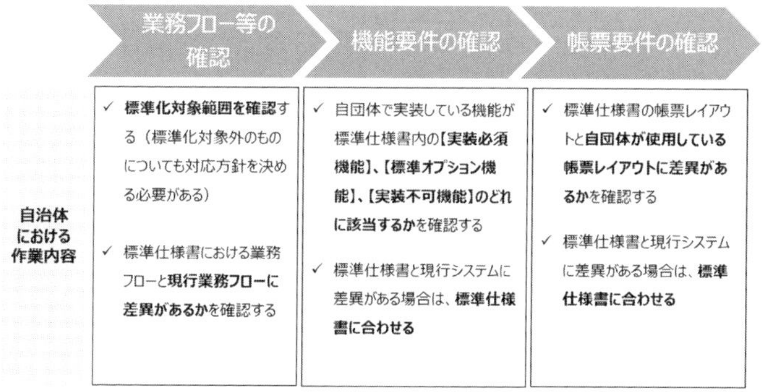

業務フロー等の確認	機能要件の確認	帳票要件の確認
✓ **標準化対象範囲を確認**する（標準化対象外のものについても対応方針を決める必要がある） ✓ 標準仕様書における業務フローと**現行業務フローに差異があるか**を確認する	✓ 自団体で実装している機能が標準仕様書内の**【実装必須機能】、【標準オプション機能】、【実装不可機能】のどれに該当するか**を確認する ✓ 標準仕様書と現行システムに差異がある場合は、**標準仕様書に合わせる**	✓ 標準仕様書の帳票レイアウトと**自団体が使用している帳票レイアウトに差異があるか**を確認する ✓ 標準仕様書と現行システムに差異がある場合は、**標準仕様書に合わせる**

ア）Fit&Gap分析

Fit&Gap分析は、「STEP 1　標準化対象範囲の確認・業務全体の流れの確認」、「STEP 2　業務フロー内の各作業の確認」及び「STEP 3　その他業務フロー外の各作業の機能・帳票要件等の確認」の3 STEPにより取り組むこととなる。それぞれのSTEPの作業は、P.39からP.41までに記載のとおりである。

それぞれのSTEPに沿って、例えば、住民記録システムにおける「転居」手続についてFit&Gap分析を実施した場合の作業イメージは、図表28、図表29及び図表30のとおり。

なお、標準化対象業務において、パラメータの変更等で対応できない自治体独自事業や国事業への上乗せ助成事業、窓口業務支援等の標準仕様書に記載されていない機能は、標準準拠システムに実装できないこととなっている。当該機能は外付けシステム等による対応が必要となることから、当該事業に関する機能が含まれていないかFit＆Gap分析前に標準仕様書と現行システムとを比較し、機能を抽出することが望ましい。当該作業によって、現行システムの確認対象範囲を明確化し、後続のFit&Gap分析作業の効率化を図ることも可能となる。

また、本手順書1.0版にてFit&Gap分析の進め方を示して以降、各標準仕様書の機能・帳票要件のエクセル化や共通機能標準仕様書、地方公共団体情報システムデータ要件・連携要件標準仕様書【第1.0版】（以下「データ要件・連携要件標準仕様書」という。）等が公開されていることを踏まえ、より効率化したFit&Gap分析の進め方を、P.48の【Fit&Gap分析の進め方の効率化について】で示しているので、参照されたい。

なお、本手順書1.0版の手法にて既にFit&Gap分析を進めている自治体においては、新たに分析し直す必要はない点に留意されたい。

図表 28　Fit&Gap 分析作業イメージ（例：住民記録システム　転居）

ア） Fit＆Gap分析例（1/3）

STEP 1

標準化対象範囲の確認・業務全体の流れの確認

Q. 転居の一連の事務作業で、標準化対象範囲に入っていない業務はないか、標準化対象業務であれば、標準仕様書の業務フローと差異はないか

→標準仕様書の業務フローと現行業務の事務作業で差異がないか比較し、差異（課題）を抽出

現行業務

窓　口

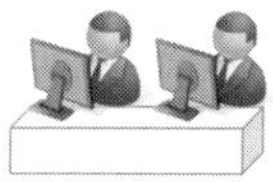

バックヤード

比較

標準仕様書の業務フロー

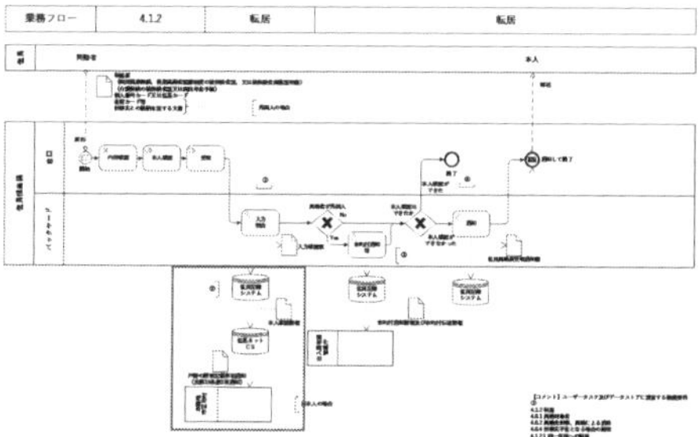

課題の抽出（例）

管内本籍人の住所異動時においても、住所情報は、CSを介して戸籍附票システムと連携する必要がある。

標準仕様書対応表への記載（イ）

図表 29（続き）

ア） Fit＆Gap分析例（2/3）

STEP 2

業務フロー内の各作業の確認（機能：管理項目・処理）

Q. 処理後に出力する可能性がある住民票の記載事項等に変更はないか

→標準仕様書の住民データの中に、使用しているデータがあるか確認

住民記録システム標準仕様書で定められた管理するデータ

氏　名	戸籍の表示
旧　氏	住民となった日
生年月日	住　所
性　別	住所を定めた年月日
世帯主の氏名及び世帯主との続柄	届出の年月日

・・・

比較

転居の処理(検索・異動等)で使用するデータ

- 氏　名
- 住　所
- 届出の年月日
- 世帯主の氏名及び世帯主との続柄
- ・
- ・
- ・

Q. 転居を現行事務と同様に処理できる機能が定義されているか

→標準仕様書から機能要件を抽出し、今後の事務に支障がないか確認

標準仕様書で示されている機能要件

4.1.0.1　届出に基づく住民票の記載等

【実装すべき機能】

届出に基づく住民票の記載等として、転入（4.1.1参照）、転居（4.1.2参照）、転出（4.1.3参照）及び世帯変更等（4.1.4参照）の処理が行えること。

また、転入に関する異動事由は1.2.2で規定する「国内転入」「国外転入等」から、転出に関する異動事由は1.2.2で規定する「国内転出」「国外転出」から、世帯変更等に関する異動事由は、1.2.2で規定する「世帯分離」、「世帯合併」、「世帯変更」及び「世帯主変更」から選択すること。

なお、転入届と出生届が同時に出された場合は、異動事由を転入届に基づき国内転入又は国外転入等とすること。

指定都市においては、区間異動（区間転入）の処理が行えること。

4.1.2.1　同一住所への転居

【実装すべき機能】

同一住所（地番）の別領域の家屋へ異動した場合について、転居として処理できること。

【実装しない機能】

同一住所（地番）の別領域の家屋へ異動した場合について、自動で備考欄に「同一住所への転居」と記載できること。

出典：「住民記録システム標準仕様書【第1.0版】（本体）」（総務省）
「4.1.0.1　届出に基づく住民票の記録等」（P.167）
「4.1.2.1　同一住所への転居」（P.172,173）より抜粋

課題の抽出（例）
同一住所の別領域の家屋へ移動した場合の備考への自動記載機能を除外する必要がある。

標準仕様書対応表への記載（イ）

40

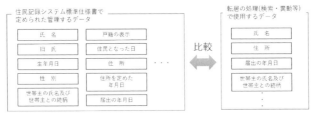

図表 30（続き）

ア） Fit＆Gap分析例（3/3）

STEP 2

業務フロー内の各作業の確認（帳票：外部・内部帳票）

Q. 処理後に出力する可能性がある住民票の記載事項等に変更はないか

→標準仕様書で定義されている様式・要件が現行帳票と異なるか確認

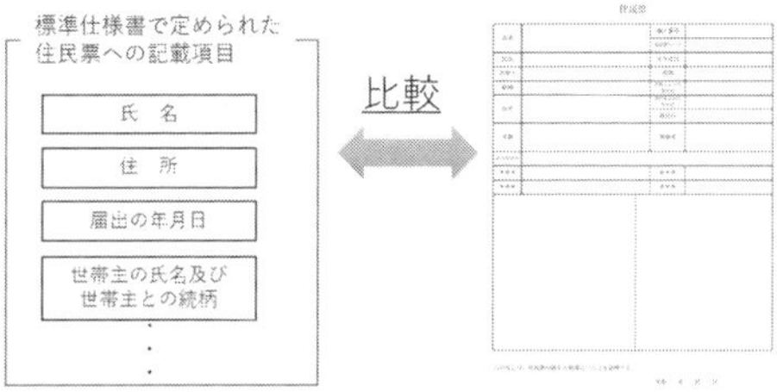

Q. 処理結果等を内部帳票として、出力できるデータ項目・形式等に変更はないか

→現行の処理で内部帳票として、標準仕様書で出力することが可能か確認

STEP 3

各業務における共通機能の確認

統計データの抽出のために必要な機能や、データ取込・出力機能などの各業務に共通した機能、アクセスログ、操作権限等、業務フロー外の処理や各業務における共通機能に変更がないか確認

課題の抽出（例）

操作権限者を個人単位で管理する必要がある。

標準仕様書対応表への記載（イ）

41

STEP 1　標準化対象範囲の確認・業務全体の流れの確認

標準仕様書内に記載されている対象分野や業務フロー等を参照し、現行システムにおける標準化対象範囲を確認する。

標準仕様書と現行の業務において業務全体の流れに差異がないか、標準仕様書の業務フロー図と現行業務を照らし合わせ、次の観点から確認する。

標準仕様書の業務フローと比較して、現行の業務に過不足はないか。

標準仕様書の業務フローと比較して、システムで対応する作業に差異はないか。

差異があった場合は、図表 33 を例とする標準仕様書対応表に、当該業務フローを標準準拠システムに対応させるための方法を記載する。

業務フロー等の確認イメージは図表 31 のとおりである。

図表 31　業務フローの確認イメージ

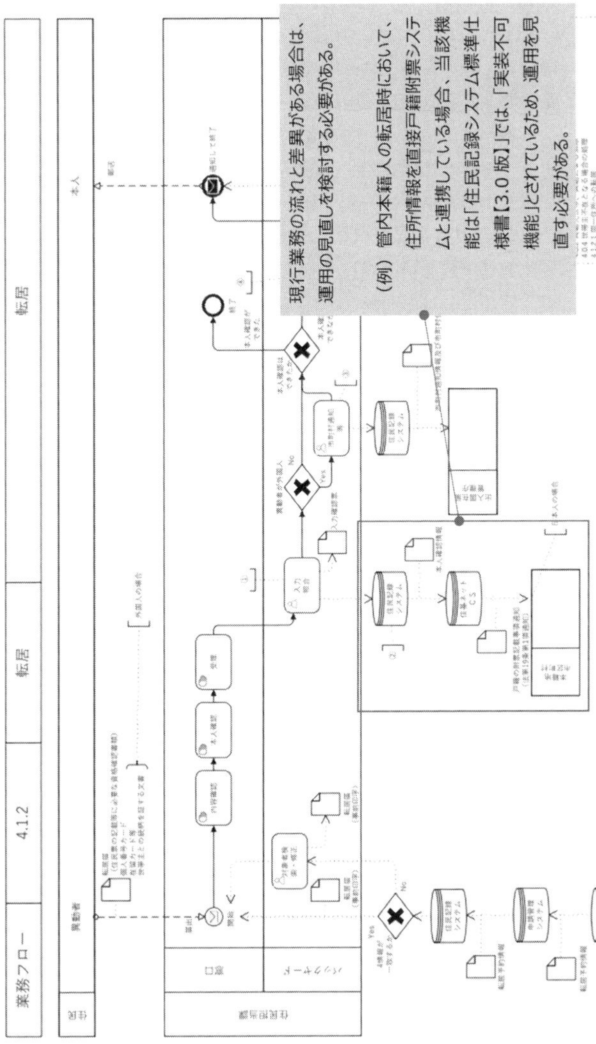

4.1.2
転居
転居
異動者
本人
窓口
現行業務の流れと差異がある場合は、運用の見直しを検討する必要がある。
（例）管内本籍人の転居時において、住所情報を直接戸籍附票システムと連携している場合、当該機能は「住民記録システム標準仕様書【3.0 版】」では、「実装不可機能」とされているため、運用を見直す必要がある。

出典：「住民記録システム標準仕様書【第 3.0 版】」（総務省）より抜粋

43

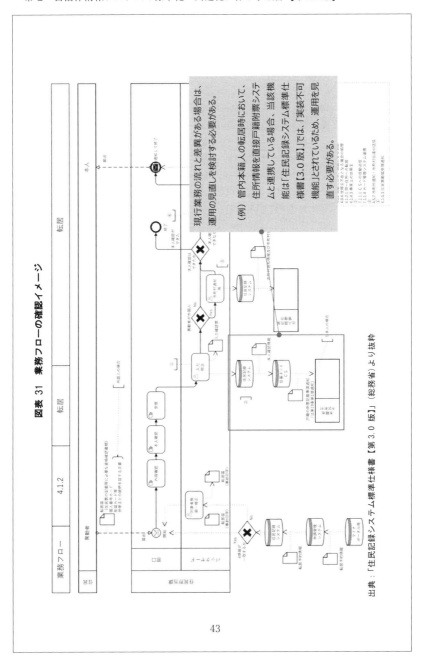

STEP 2　業務フロー内の各作業の確認

STEP 1において標準仕様書の業務フロー図と業務全体の流れを確認した後、業務フロー内の各作業に係る標準仕様書の機能要件、帳票要件等を分析し、現行業務への影響を確認する。

影響がある場合は、図表33を例とする標準仕様書対応表に記載する。各作業の機能要件や帳票要件について、Fit&Gap分析において確認すべき事項の一例は図表32のとおりである。

なお、「住民記録システム標準仕様書【第3.0版】」においては、要件を【実装必須機能】、【標準オプション機能】、【実装不可機能】の3種類に分けて記載しており、これらの機能要件に対応した業務フローと各自治体における現行業務フローとの比較を行う。

STEP 3　その他業務フロー外の各作業の機能・帳票要件等の確認

STEP 1～2で確認した業務フローの他、統計データの抽出のために必要な機能や、データ取込・出力機能などの各業務に共通した機能も確認する必要がある。データの取込・出力については、取込・出力するデータ形式やデータの種類に齟齬がないか、その他の機能については、現在使用しているシステムの機能が含まれているか、標準仕様書の機能・帳票要件から確認し、標準仕様書と差異があった場合は、図表33を例とする標準仕様書対応表に記載する。

図表 32 業務フロー内の各作業において確認すべき事項（例）

機能・帳票要件		該当する主な作業	各作業における確認ポイント	標準仕様書と比較すべき事項
機能	管理項目	窓口：届出、内容確認 バックヤード：入力照会、証明書出力	✓ 届出や入力照会において、不要なデータ、不足しているデータはないか。	✓ データの項目・種類
	処理	バックヤード：入力照会	✓ 該当作業でデータ登録をしていた機能はあるか。 ✓ データ等において、他業務と連携の必要性はあるか。 ✓ 登録するデータ等に変更はないか。	✓ 異動等のデータを登録できる機能の種類 ✓ 登録のため入力必須となるデータ ✓ 他システムとの連携機能 ✓ バッチ処理の種類 ✓ エラー・アラートの種類
帳票	外部帳票	バックヤード：証明書出力	✓ 記載事項に変更はないか。 ✓ 記載内容の変更により、条例・規則の改正が必要か。	✓ 証明書等帳票レイアウト ✓ 証明書記載事項
	内部帳票	バックヤード：入力照会	✓ 出力できるデータ項目・データ形式等に変更はないか。	✓ データ項目・種類 ✓ 帳票の出力形式 ✓ バッチ処理の種類

45

イ）標準仕様書対応表への記載

ア）で分析した結果、標準仕様書と現行の作業等で差異があり、標準準拠システムの利用に向けて個別の対応（現行業務フローの見直し等）を要する項目は対応表上で整理した上で、次の観点から対応方法を検討する。

- ✓ 現行業務フローの見直しを検討する必要性
- ✓ 予算措置（RPAなどの外付けシステム等）の必要性
- ✓ 人員配置の必要性
- ✓ 条例・規則、要綱、事務要領等の改正の必要性
- ✓ RFP・RFIを通じて対応方法を確認する必要性
- ✓ 運用テストを通じて対応方法を確認する必要性

図表 33　標準仕様書対応表の記入例

業務・帳票・様式名	業務概要、業務フローを変更する理由等	標準仕様書適用への対応（○＝要対応、×＝対応なし）					
		業務フローの見直し	予算措置	人員配置	法令等の改正	RFP・RFIによる確認	運用テストによる確認
①　○○システム連携	管内の転居時には、住所情報を直接○○システムに連携する。現行システムでは、直接連携可能であったが、標準仕様書で「実装不可機能」となったため業務フローの見直しが必要。	○○システムへの反映については、管外への住所異動と同様に◇◇システム経由で情報連携を行う。	×	×	事務処理要領	×	○
②　○○証明書	「○○○」、「△△△」に関する情報をシステムで出力。また、◇◇業務において、異動日等の異動情報を他自治体の○○証明書の記載内容を参照し、システム入力を行っている。標準仕様書で記載内容及びフォーマットが規定されたため、業務フローの見直しが必要。	フォーマットが統一されることに伴い、◇◇業務で入力していた○○証明書の情報は、AI-OCRで読み込んだ上で、RPAで入力作業を行う。	○	×	規則	○	○

47

【Fit&Gap 分析の進め方の効率化について】

前述のとおり、本手順書 1.0 版にて Fit&Gap 分析の進め方を示して以降、各業務の標準仕様書の機能・帳票要件のエクセル化や共通機能標準仕様書データ要件・連携要件標準仕様書等が作成されたことから、より効率化した Fit&Gap 分析の進め方について以下に示すので参照されたい。なお、本手順書 1.0 版の手法にて既に Fit&Gap 分析を進めている自治体においては、新たな手法による分析をし直す必要はない点に留意されたい。

STEP 1　機能・帳票要件等の確認（図表 34、35）

各業務の標準仕様書の機能・帳票要件等と現行システムの機能や出力される帳票等を比較し、標準化に伴う課題を抽出する。

ｉ）機能・帳票要件の確認（図表 34）

標準仕様書の機能・帳票要件一覧をベースに分析用シートを作成し、標準化に伴う課題を抽出する。課題の抽出に当たっては、次の観点から課題を抽出する。

【確認観点】

✓ 実装必須機能のうち、現システムでは実装されていない機能はないか。

✓ 実装不可機能や規定されていない要件が、現システムに実装されてしまっていないか。

なお、以下の例に該当するような機能は、「対応方針案を検討する必要のない課題」であるため、課題として選定する必要はない。

【対応方針案を検討する必要のない課題】

✓ 標準仕様書に規定されている要件のうち、現システムに実装されていない機能があるが、当該機能は今後も使用する見込みがない。

✓ 標準仕様書に規定されている要件以外に、現システムで実装している機能があるが、当該機能は現在使用しておらず、次期システムに当該機能が実装されなくても問題ない。

48

ⅱ）帳票レイアウトの確認（図表35）

帳票要件については、各業務の標準仕様書において、標準オプションとなっている部分も含めて、帳票レイアウトも現行様式と比較し、課題を抽出する。

なお、帳票については、各自治体の規則等で様式を定めている場合があるため、規則改正等の対応が必要になる場合があることにも留意すること。

また機能・帳票要件一覧には、EUCの出力やアクセスログ、操作権限の付与等に関する内容も含まれているため、機能・帳票の確認に当たっては、当該事項についても現行システム等との比較を併せて行うことが望ましい。なお、当該事項の確認に当たっては、デジタル庁が公開している共通機能標準仕様書及びデータ要件・連携要件標準仕様書も参照すること。

STEP 2　課題のあった機能・帳票に該当する業務フローの確認（図表36）

STEP1「機能・帳票要件の確認」において、課題のあった機能・帳票に該当する業務フローのみ、現行業務との課題を抽出する。現行業務の流れと比較し差異がある場合は、その差異と課題を記載すること。

なお、標準仕様書に記載されている業務フローは、デジタル3原則に基づく業務改革（BPR）やデジタル処理を前提とした自治体のベストプラクティスを踏まえたものとなっているが、現行業務フローとの差が大きな問題とはならない差異（例：業務の実施者が異なる等）は、「対応方針案を検討する必要のない課題」であるため、課題として抽出する必要はない。

なお、図表内の「標準仕様書対応表への記載（イ）」については、P.46で示した内容と同様である。

49

図表 34　Fit&Gap 分析　作業イメージ（機能帳票要件の確認）

【ア） Fit＆Gap分析　作業イメージ（例：住民記録システム）】

STEP1

i）機能・帳票要件の確認

標準仕様書の機能・帳票要件一覧をベースに分析用シートを作成し、標準化に伴う課題を抽出する。

標準仕様書の機能・帳票要件一覧

住民記録システム

機能・帳票要件（第3.0版）_機能・帳票要件一覧

【実装区分の凡例】◎：実装必須機能、〇：実装オプション機能、×：実装不可機能、－：対象外

要件種別	機能名称 大分類	機能名称 中分類	機能名称 小分類	機能ID	機能要件	実装区分 指定都市	実装区分 中核市	実装区分 一般市区町村	要件の考え方・理由	備考	重要度	課題有無	差異箇所（課題"有"の場合記載）	想定される課題
機能要件	4 異動	4.1.2 転居	4.1.2.1 同一住所への転居	0010180	同一住所（地番）の別領域の家屋へ異動した場合について、別の住居として取り扱うときには、転居として処理できること。	◎	◎	◎	既存住基システム改造仕様書において、「市町村によって、住所の変更が発生しない転居がある場合、本人確認情報更新処理は行わない」と記載があるとおり、当該機能による転居は住基ネットには連携されないことに留意されたい。		記載不要			
機能要件	4 異動	4.1.2 転居	4.1.2.1 同一住所への転居	0010181	同一住所（地番）の別領域の家屋へ異動した場合について、自動で備考欄に「同一住所への転居」と記載できること。	×	×	×	市区町村によっては実装されている「同一住所（地番）の別領域の家屋へ異動した場合について、処理できること。また、備考に「同一住所への転居」が記載できること。」の機能は、処理できることは必要であるが、履歴で同一住所に転居したことが自明であることから備考に自動で「同一住所への転居」が記載できるとの機能は不要。		記載不要			
機能要件	4 異動	4.1.3 転出	4.1.3.0.4 特例転入を利用した転出（転出・転入手続のワンストップ化）	0010205	申請管理機能から取得した転出届の情報を取り込んだ結果を示す更新結果リストを作成・出力できること。	〇	〇	〇	－		高			
機能要件	4 異動	4.1.3 転出	4.1.3.0.4 特例転入を利用した転出（転出・転入手続のワンストップ化）	0010206	既に送信した転出証明書情報について、CSに手動で再送信できること。	×	×	×	既に送信した転出証明書情報について、CSに手動で再送信できる機能については、実務上、転出証明書情報をCSから取得できないケースもあり、住基入力業務等を民間委託している市区町村にとっては、CS側ではなく住民記録システム側で再送信できる機能が必要という意見もあるが、本件が起こり得るケースはネットワークに異常が発生した場合など外部要因になるため、まずはその外部要因を直すことが必要で、かつ頻度は非常に低いと思われる。 なお、CS側では再送されてもチェックをかけていないため、住民記録システムでの再送信は現状可能だが、再送信の機能は実装しないこととする。					

出典：「住民記録システム標準仕様書【第3.0版】（別紙 機能帳票要件）」（総務省）より抜粋

<実装オプション機能の重要度の整理>
実装区分において、実装オプション機能となっている機能について、現行の運用を確認し、Fit＆Gap時点での当該機能の重要度を整理

例：高（業務運用上必須）/中（業務運用上必須ではないが業務の効率化が期待される）/低（実装されなくても業務上の支障はない）

<現行システムとの差異・課題等の確認>
標準仕様書に規定されている機能（実装不可機能も含む）について、現システムの機能との差異を確認し、今後の業務遂行に影響が出る等、課題となる場合は具体的な課題を記載

例：4.1.2「同一住所への転居」の実装不可機能について
現行システムでは、同一住所への転居時に備考欄への自動記載機能があり、〇〇の業務の際に世帯状況の把握のために使用していた。当該機能は実装不可となるため、運用方法の見直し等が必要である。

標準仕様書対応表への記載（イ）

50

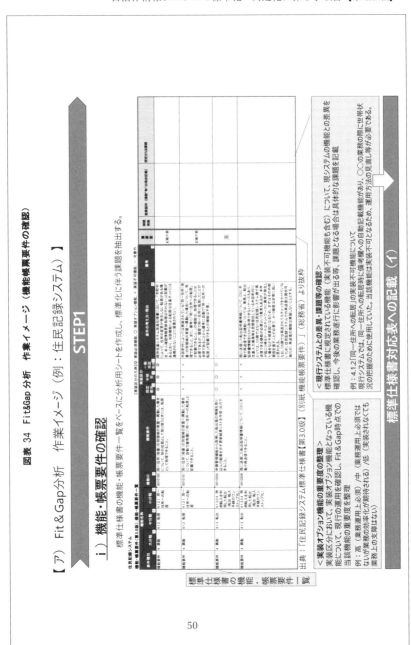

図表 35　Fit&Gap 分析　作業イメージ（帳票レイアウトの確認）

【ア）　Fit＆Gap分析　作業イメージ（例：住民記録システム）】

STEP1

ii）帳票レイアウトの確認

帳票要件については、帳票レイアウトも現行様式と比較し、課題を抽出する。

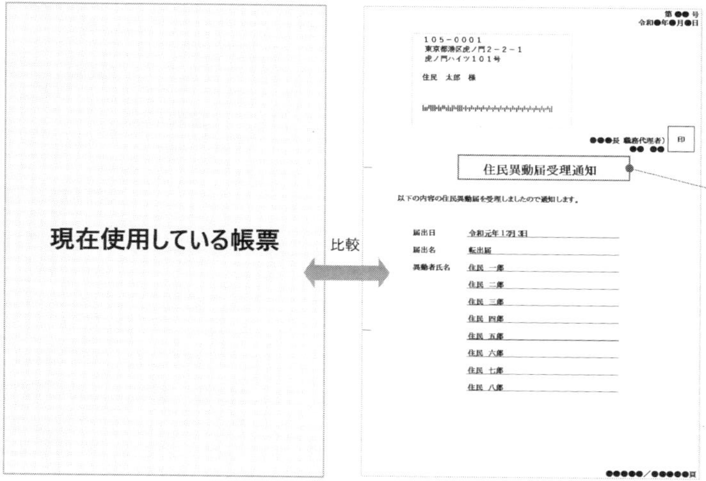

＜現在使用している帳票との差異・課題等を確認＞
標準仕様書に掲載されている帳票レイアウトと、現在使用している帳票を比較し、差分を比較し、今後の業務遂行に影響が出る等、課題となる場合は具体的な課題を記載。
なお、帳票については、各自治体の規則等で様式を定めている場合があるため、規則改正等の対応が必要になる場合があることにも留意すること。

例：現在使用している帳票では、「異動届所受理連絡通知書」としており、帳票レイアウトに示されている帳票名と異なる。当該様式は、○○規則で様式第○号として定めているため、規則改正等の対応が必要となる。

出典：「住民記録システム標準仕様書【第3.0版】
（別紙 帳票一覧・レイアウト）」（総務省）より抜粋

標準仕様書対応表への記載（イ）

51

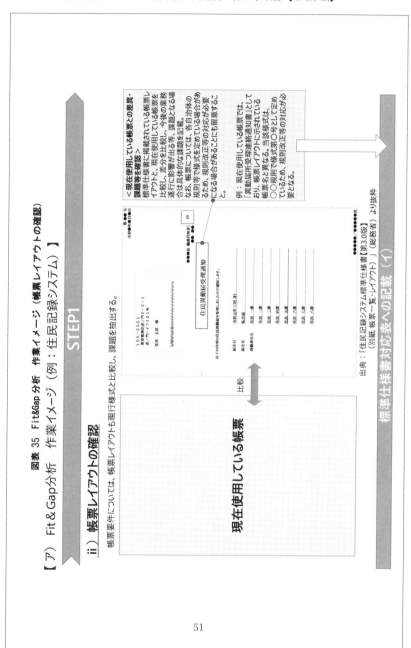

図表 36　Fit&Gap 分析　作業イメージ（業務フローの確認）

【ア）Fit＆Gap分析　作業イメージ（例：住民記録システム）】

STEP2

課題のあった機能・帳票に該当する業務フローの確認

STEP1「機能・帳票要件の確認」において、課題のあった機能に該当する業務フローのみ、現行業務との課題を抽出する。

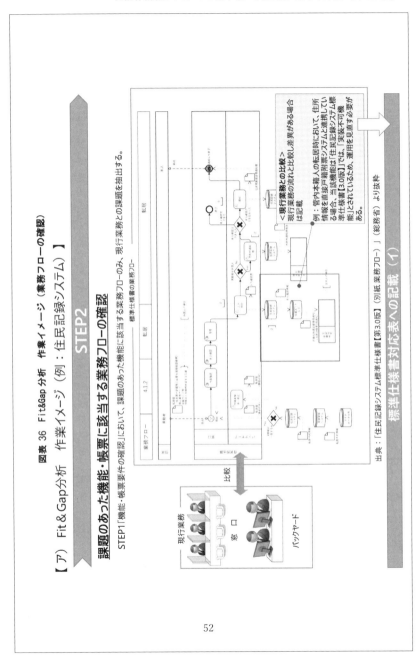

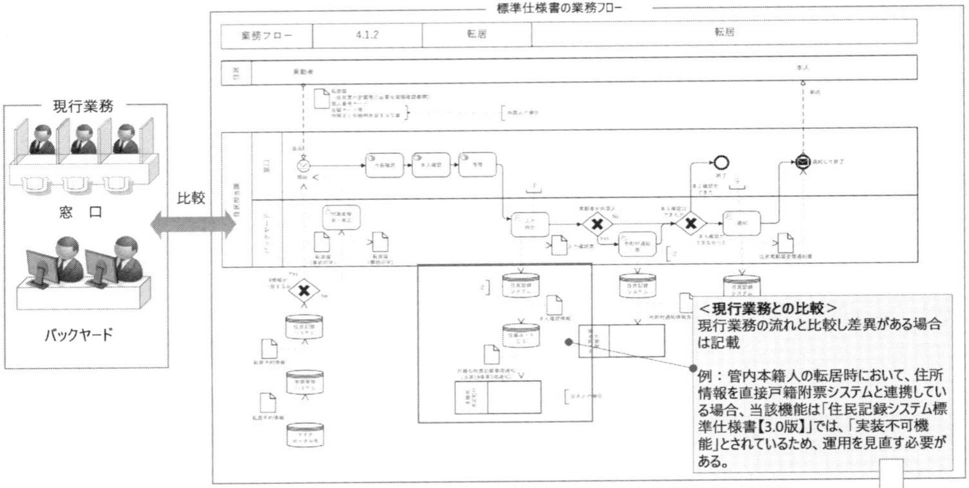
現行業務
窓　口
バックヤード
比較
標準仕様書の業務フロー
業務フロー
4.1.2
転居
転居
＜現行業務との比較＞
現行業務の流れと比較し差異がある場合は記載
例：管内本籍人の転居時において、住所情報を直接戸籍附票システムと連携している場合、当該機能は「住民記録システム標準仕様書【3.0版】」では、「実装不可機能」とされているため、運用を見直す必要がある。

出典：「住民記録システム標準仕様書【第3.0版】（別紙 業務フロー）」（総務省）より抜粋

標準仕様書対応表への記載（イ）

④移行計画作成

作業項目②「現行システムの概要調査」及び作業項目③「標準仕様との比較分析」の調査・分析結果や標準仕様書等を踏まえ、移行時期や標準準拠システム提供ベンダとの契約時期、予算計上時期等を検討し、移行計画を作成する。なお、帳票印刷などの外部委託契約を結んでいる場合は、標準化やガバメントクラウドへの移行に伴い、委託事業者との調整が必要となる可能性がある点にも留意されたい。

移行計画に記載する項目の中には、ガバメントクラウドの利用や移行時期、調達範囲等、RFI の分析結果を踏まえて決定する項目も含まれている。当該項目については、その時点での想定をベンダ等のヒアリング結果を踏まえ記載し、作業項目⑦「RFI 結果分析及び移行計画の詳細化」の結果を踏まえ、修正・詳細化することが望ましい。移行計画の様式については別紙を参照されたい。なお、必ずしも④完了時に移行計画の項目全てを完成させる必要はない点にも留意されたい。

図表 37 移行計画に記載する主な項目

主な項目	具体的な記載内容
移行目的	✓　標準化を行う目的
移行方針	✓　システム特性（パッケージへの移行） ✓　シングル or マルチベンダ ✓　ガバメントクラウドの利用 ✓　共通機能の実装方針 ✓　他システムとの連携方法　等の方向性
調達範囲・単位	✓　標準化対象システムとそれと併せて更改を検討するシステム、周辺機器・外部委託等の範囲及び単位
調達方式	✓　指名型／公募型プロポーザル方式 or 総合評価落札方式 or 最低価格落札方式
スケジュール	✓　標準化・共通化に係る工程表（図表 11、図表 12 及び図表 13 参照） ・RFI・RFP 実施 ・予算計上 ・移行時期 ・条例規則等改正　等の時期
移行に当たっての課題と対策	✓　標準仕様と現行業務の乖離（Gap） ✓　標準仕様の対象外となっている機能　等
推進体制	✓　推進本部・事務局・各業務の所管（担当）部署等のメンバー及びその役割

53

【移行計画を作成するに当たっての留意点】

移行計画の策定に当たり、ガバメントクラウドの利用等について、以下の内容を検討する必要がある。

1）ガバメントクラウドの利用の有無

自治体がガバメントクラウドを利用することは、標準化法第 10 条により、努力義務とされており、その利用を第一に検討すべきものとされており、基本方針においては、「地方公共団体は、標準準拠システムの利用において、ガバメントクラウドの利用を第一に検討すべきであるが、ガバメントクラウドと比較して、ガバメントクラウド以外のクラウド環境その他の環境の方が、性能面や経済合理性等を比較衡量して総合的に優れていると判断する場合には、当該ガバメントクラウド以外のクラウド環境その他の環境を利用することを妨げない。」とされており、一定の要件を満たす場合において、例外的に自治体の判断でガバメントクラウド以外のクラウド環境その他の環境（以下「独自環境」という。）を利用することが可能となっている。

上記を踏まえ、独自環境を検討する場合に当たっては、各環境の性能面や経済合理性について、以下に示す方法で比較衡量することが考えられる。

なお、独自環境を利用する場合においては、上述のとおり、ガバメントクラウドの利用が努力義務とされていることに鑑み、独自環境を利用する理由について、対外的な説明を可能としておく必要がある。

ア） 性能面

性能面については、標準準拠システムの構築に当たって、必要な性能を備えているかどうか以下の観点で確認する必要がある。

ⅰ）非機能要件

図表 38 に示す「ガバメントクラウドとガバメントクラウド以外の環境その他の環境の性能比較表」に基づいて、独自環境が「地方公共団体情報システム非機能要件の標準【第 1.1 版】」（令和 4 年 8 月）を満たすことが可能な環境であるか、確認を行う。なお、「地方公共団体情報システム非機能要件の標準」を満たすことが出来ない環境である場合は、当該環境に構築したシステムは、標準化法上、標準化基準に適合しないシステムとなるため、独自環境の利用について再検討が必要である。

54

図表 38 ガバメントクラウドとガバメントクラウド以外の環境その他の環境の性能比較表（一部抜粋）

#	項番	大項目	中項目	メトリクス（指標）	メトリクス説明	選択レベル			レベル								備考	適合可否
								選択時の条件	-	*	0	1	2	3	4	5		
1	C.1.2.2	運用・保守性	通常運用	外部データの利用可否	外部データによりシステムのデータが復旧可能かどうか確認するための項目。 外部データとは、当該システムの範囲外に存在する情報システムの保有するデータを指す（例：住民基本4情報については、住基ネットの情報がある等）。	2	システムの復旧に外部データを利用できない	全データを復旧するためのバックアップ方式を検討しなければならないことを想定。 [-] 外部に同じデータを持つ情報システムが存在するため、本システムに障害が発生した際には、そちらから抽出したデータによって情報システムを復旧できるような場合	仕様の対象としない	ベンダーによる提案事項	外部データによりシステムの全データが復旧可能	外部データによりシステムの一部のデータが復旧可能	システムの復旧に外部データを利用できない				【注意事項】 外部データによりシステムのデータが復旧可能な場合、システムにおいてバックアップ設計を行う必要性が減るため、検討の優先度やレベルを下げて考えることができる。	
2	C.2.3.5	運用・保守性	保守運用	OS等パッチ適用タイミング	OS等パッチ情報の展開とパッチ適用のポリシーに関する項目。 OS等は、サーバー及び端末のOS、ミドルウェア、その他のソフトウェアを指す。 脆弱性に対するセキュリティパッチなどの緊急性の高いものは即時に適用する。	4	緊急性の高いパッチは即時に適用し、それ以外は定期保守時に適用を行う	緊急性の高いパッチを除くと、定期保守時にパッチを適用するのが一般的と想定。 [-]外部と接続することが全くない等の理由で緊急対応の必要性が少ない場合（リスクの確認がとれている場合）。	仕様の対象としない	ベンダーによる提案事項	パッチを適用しない	障害発生時にパッチ適用を行う	定期保守時にパッチ適用を行う	緊急性の高いパッチのみ即時に適用し、それ以外は障害対応時等適切なタイミングで適用を行う	緊急性の高いパッチは即時に適用し、それ以外は定期保守時に適用を行う	新規のパッチがリリースされるたびに適用を行う	【注意事項】 リリースされるパッチの種類（個別パッチ／集合パッチ）によって選択レベルが変わる場合がある。 セキュリティパッチについては、セキュリティの項目でも検討すること（E.4.3.4）。 また、マイナンバー利用事務系のOSについては最新のパッチを速やかに適用すること。 なお、事前検証なくパッチを適用しなければならないというわけではない。	
3	E.1.1.1	セキュリティ	前提条件・制約条件	順守すべき規程、ルール、法令、ガイドライン等の有無	ユーザが順守すべき情報セキュリティに関する規程やルール、法令、ガイドライン等が存在するかどうかを確認するための項目。 なお、順守すべき規程等が存在する場合は、規定されている内容と矛盾が生じないよう対策を検討する。 （例） ・情報セキュリティに関する法令 ・地方公共団体における情報セキュリティポリシーに関するガイドライン（総務省） ・その他のガイドライン ・その他のルール	1	有り	セキュリティポリシー等を順守する必要があることを想定。 [-] 順守すべき規程やルール、法令、ガイドライン等が無い場合	仕様の対象としない	ベンダーによる提案事項	無し	有り					【注意事項】 規程やルール、法令、ガイドライン等を確認し、それらに従い、セキュリティに関する非機能要求項目のレベルを決定する必要がある。	
4	E.2.1.1	セキュリティ	セキュリティリスク分析	リスク分析範囲	システム開発を実施する中で、どの範囲で対象システムの脅威を洗い出し、影響の分析を実施するかの方針を確認するための項目。 なお、適切な範囲を設定するためには、資産の洗い出しやデータのライフサイクルの確認等を行う必要がある。 また、洗い出した脅威に対して、対策する範囲を検討する。	1	重要度が高い資産を扱う範囲	重要情報が取り扱われているため、脅威が現実のものとなった場合のリスクも高い。そのため、重要度が高い資産を扱う範囲に対してリスク分析する必要がある。 [-] 重要情報の漏洩等の脅威が存在しない（あるいは許容する）場合 [+] 情報の移動や状態の変化が大きい場合	仕様の対象としない	ベンダーによる提案事項	分析なし	重要度が高い資産を扱う範囲	対象全体				【レベル1】 重要度が高い資産は、各団体の情報セキュリティポリシーにおける重要度等に基づいて定める（重要度が最高位のものとする等）。	
5	E.4.3.4	セキュリティ	セキュリティリスク管理	ウィルス定義ファイル適用タイミング	対象システムの脆弱性等に対応するためのウィルス定義ファイル適用に関する適用範囲、方針及び適用のタイミングを確認するための項目。	2	定義ファイルリリース時に実施	ウィルス定義ファイルは、ファイルが公開されるとシステムに自動的に適用されることを想定。 [-]ウィルス定義ファイルが、自動的に適用できない場合（例えばインターネットからファイル入手できない場合）。	仕様の対象としない	ベンダーによる提案事項	定義ファイルを適用しない	定期保守時に実施	定義ファイルリリース時に実施				【注意事項】 事前検証なく定義ファイルを適用しなければならないというわけではない。 最新のウィルス定義ファイル適用時に、ウィルス検索エンジンのアップデートも検討すること。	
6	E.5.1.1	セキュリティ	アクセス・利用制限	管理権限を持つ主体の認証	資産を利用する主体（利用者や機器等）を識別するための認証を実施するか、また、どの程度実施するのかを確認するための項目。 複数回、異なる方式による認証を実施することにより、不正アクセスに対する抑止効果を高めることができる。 なお、認証するための方式としては、ID/パスワードによる認証や、ICカード認証、生態認証等がある。	3	複数回、異なる方式による認証	攻撃者が管理権限を手に入れることによる、権限の乱用を防止するために、認証を実行する必要がある。	仕様の対象としない	ベンダーによる提案事項	実施しない	1回	複数回の認証	複数回、異なる方式による認証			【注意事項】 管理権限を持つ主体とは、情報システムの管理者や業務上の管理者を指す。 認証方式は大きく分けて「知識」、「所持」及び「存在」を利用する方式がある。 機器等（データ連携サーバ等）は多要素認証の対象としない。	

55

ii）セキュリティ対策

基本方針においては、地方公共団体が利用する標準準拠システム等の整備及び運用に当たっては、総務省が作成する地方公共団体における情報セキュリティポリシーに関するガイドライン（以下「セキュリティポリシーガイドライン」という。）を参考にしながら、セキュリティ対策を行うものとされていることから、セキュリティポリシーガイドライン」を参考に、独自環境において、各団体のセキュリティポリシーに基づいたセキュリティ対策を講ずることが可能か、確認を行う。

なお、セキュリティポリシーガイドラインについては、令和4年8月に公表した「地方公共団体の情報システムのクラウド利用等に関する情報セキュリティポリシーガイドライン改定方針」に基づき、今後「地方公共団体の情報システムのクラウド利用等に関する特則」を示し、標準準拠システムのクラウドサービス利用に関するセキュリティ対策を記載予定であるため、それぞれの内容を十分確認することが望ましい。

イ）経済合理性

経済合理性は、図表39に示すデジタル庁が提供する「経費試算シート」へガバメントクラウドを利用する場合と独自環境を利用する場合の費用を経費区分別に入力し、比較衡量を行うことが可能である。試算に当たっては、ベンダに見積り依頼をすることも考えられ、先行事業の結果（先行事業における構成図・マネージドサービス利用状況等）を参考に試算を行うことが望ましい。

図表 39 経費試算シート

■団体名：

■比較対象環境：

為替レート：1ドル＝　※為替レートの値を変更可能

経費区分			ガバメントクラウド以外を利用（税抜き）	ガバメントクラウドを利用（税抜き）
イニシャルコスト	作業費	カスタマイズ費	¥0	¥0
		環境構築費	¥0	¥0
		データ移行費	¥0	¥0
		他システム連携機能構築作業費	¥0	¥0
		操作マニュアル作成・職員研修費	¥0	¥0
		プロジェクト管理費	¥0	¥0
イニシャルコスト計			¥0	¥0
ランニングコスト	作業費	システム運用作業	¥0	¥0
		ハードウェア保守作業	¥0	¥0
		その他外部委託費	¥0	¥0
	作業費計		¥0	¥0
	物品費	ハードウェア借料	¥0	¥0
		ハードウェア保守費	¥0	¥0
		ソフトウェア借料	¥0	¥0
		ソフトウェア保守費	¥0	¥0
		データセンター利用費	¥0	¥0
		通信回線費	¥0	¥0
		クラウド利用経費	¥0	¥0
	物品費計		¥0	¥0
ランニングコスト計			¥0	¥0
合計			¥0	¥0

ウ）補助金の対象

デジタル基盤改革支援補助金（地方公共団体情報システムの標準化・共通化に係る事業）については、基本方針において、ガバメントクラウドを活用した環境で構築された標準準拠システムへの移行に対して補助することが原則であるが、ガバメントクラウド以外の環境（オンプレミスを除く。）で構築された標準準拠システムへの移行に係る事業については、次の２つの条件をいずれも満たすものを例外的に補助対象とするとされていることから、ガバメントクラウドと独自環境の選択に当たっては、この点についても留意が必要である。

① ガバメントクラウドと性能面・経済合理性等を定量的に比較した結果を公表するとともに、継続的にモニタリングを行うこと
② 当該環境とガバメントクラウドを接続し、ガバメントクラウド上の標準準拠システム等と、必要なデータを連携させることを可能とすること

これらの要件の詳細については、「デジタル基盤改革支援補助金(地方公共団体情報システムの標準化・共通化に係る事業)に関するＱ&Ａ」(以下「補助金Ｑ&Ａ」という。）において、標準準拠システムが非機能要件の標準を満たし得る環境であること、ガバメントクラウド上の標準準拠システム等と、必要なデータ連携を行えることなど、性能面でガバメントクラウドと同様であることを示すとともに、先行事業における投資対効果の分析と同様の項目による経済合理性の提示を行うことが想定されると説明されている。

「標準準拠システムが非機能要件の標準を満たし得る環境であること」を提示することについては、上述した「ガバメントクラウドとガバメントクラウド以外の環境その他の環境の性能比較表」によって示すことが可能である。

「必要なデータ連携を行えること」については、補助金Ｑ&Ａにおいて、例えば連携させる際の手法・連携までのスケジュール等を記した計画書など、ガバメントクラウドの標準準拠システム等（国が立ち上げるVRS 等のような緊急サービスを含む。）とデータ要件・連携要件に従って遅滞なく連携させることに対応する旨の疎明資料の提出を求めることを想定しているとされており、疎明資料の提出に当たっては、併せて補助金申請に当たっての参考資料において示されるひな形を参考とされたい。

また、経済合理性については、上述した「経費試算シート」を作成することで示すことが可能である。

以上のことから、①性能面において標準準拠システムの構築が可能な環境であることを確認し、②ガバメントクラウドよりも経済合理性がある環境であると判断できる場合は、標準準拠システムの利用において、独自環境が選択肢となり得ると考えられる。その上で、デジタル基盤改革支援補助金の要件を満たすかどうか確認し、最終的な利用の判断を行うことが望ましい。

2）対象システムの検討（ガバメントクラウドを利用する場合のみ）

ガバメントクラウド上に構築することができるシステムは、基本方針において、標準準拠システム及び関連システム（標準準拠システムと業務データの API 連携等を行うシステムのほか、標準準拠システムと同じくガバメントクラウドに構築することが効率的であると地方公共団体が判断するシステムをいう。）とされている。

関連システムとして何のシステムをガバメントクラウドへ移行すべきかシステム合理性や効率性の観点から判断する必要がある。

3）移行（シフト）時期の検討

各業務システムの移行時期の検討に当たっては、以下の2パターンのいずれかを選択することが想定される。自治体においては、現行システムの契約時期や各パターンにおける追加費用・作業等を踏まえて検討する必要がある。

図表 40　移行（シフト）パターン

パターン	概要
パターン1	各現行システムの契約終了時期に合わせて、順次移行（※）
パターン2	全業務の標準化移行時期を統一し、一斉移行

※　契約終了時期がR8.4以降の場合は、契約終了時期を前倒しして移行

パターン1の場合は、契約終了時期に合わせて順次移行を行うため、契約終了時期を前倒しして移行しない場合は、現行システムの違約金・リース残債、契約延長費用等、現行契約に対して追加的に発生する費用は発生しないものの、各システムが順次移行することに伴い、連携先の変更（現行システムと標準準拠システムとの連携から標準準拠システム同士の連携に変更する等）、連携項目変更などの開発作業が発生することが懸念される。

一方で、パターン2の場合は、各システムを一斉に移行するため、連携先

59

の変更、連携項目変更などの開発作業は発生しないため、効率的に移行作業が進められる。ただし、移行時期を統一することで、現行システムの違約金・リース残債、契約延長費用等の追加費用の発生や短期間に移行作業が集中することによる職員等の作業負荷が増加することが想定されるため、当該パターンで移行する場合は、これらの点に留意が必要である。

4）移行方法の検討

標準準拠システムへの移行方法としては、図表41のパターンがあると考えられる。リフト・シフトを同時に実施しない場合は、連携先の変更、動作確認等利用環境の変更による作業が、リフト・シフト同時実施と比較して多くなる可能性があることに留意が必要である。

一方で、現行環境がメインフレーム等の非オープン系システムの場合、以下の要因などにより、移行に相当程度の期間を要することが考えられる。

- ✓ 現行システム分析に時間を要する
- ✓ メインフレームとオープンパッケージの差異による Fit&Gap に時間を要する
- ✓ データ構造が特殊
- ✓ メインフレームに機能が残る場合、メインフレーム側に連携プログラムを作成する必要
- ✓ メインフレームを扱える要員不足

同様に、オープン系システムであっても独自開発システム（パッケージシステムを○○市版などとして個別の改修を続けることでパッケージの原型をとどめていない場合を含む。）を用いている場合においても、移行に相当程度の期間を要することが考えられる。

このような場合にあっては、例えば、標準準拠システムへの移行の一連の作業の中で、オープン系パッケージシステムへの移行を行ったり、稼働そのものは行わなくてもオープン系パッケージシステムのデータ形式にデータ移行する作業を進めたりすることで、標準準拠システムへの移行に当たっての個別自治体としての作業を減らし、また費用を削減することも可能と考えられる。

図表 41　移行方法（イメージ）

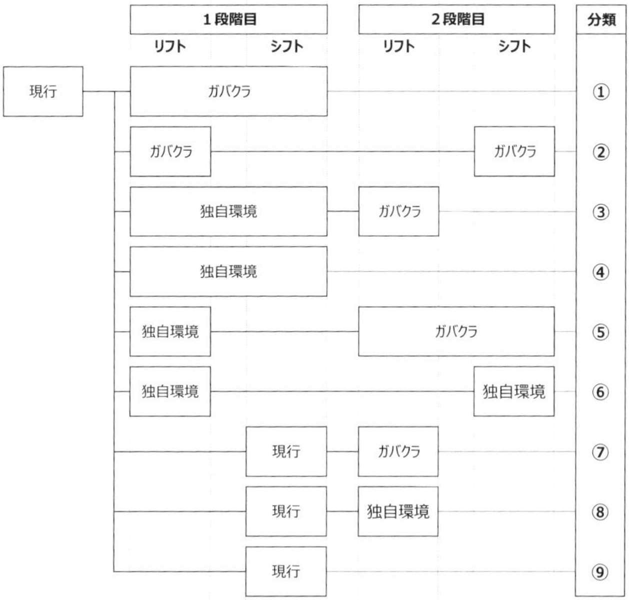

分類	移行方法
①	現行→ガバクラへリフト・標準準拠システムへシフト同時
②	現行→ガバクラへリフト→ガバクラ上で標準準拠システムへシフト
③	現行→独自環境へのリフト・同環境上での標準準拠システムへのシフト同時→ガバクラへリフト
④	現行→独自環境へのリフト・同環境上での標準準拠システムへのシフト同時
⑤	現行→独自環境へのリフト→ガバクラへリフト・標準準拠システムへシフト同時
⑥	現行→独自環境へのリフト→同環境上での標準準拠システムへのシフト
⑦	現行の環境上で標準準拠システムへシフト→ガバクラへリフト
⑧	現行の環境上で標準準拠システムへシフト→独自環境上での標準準拠システムへリフト
⑨	現行の環境上で標準準拠システムへシフト

5）利用方式の検討（ガバメントクラウドを利用する場合）

ガバメントクラウドを利用する場合は、ガバメントクラウド共同利用方式若しくはガバメントクラウド単独利用方式のいずれか又は両方を合わせた方式によりガバメントクラウドを利用することになる。ガバメントクラウド利用基準では、スクラッチ開発等、共同利用方式を取りにくい開発形態の場合を除き、以下の観点から、ガバメントクラウド共同利用方式を選択することを推奨している。

- ✓ 国が直接、ガバメントクラウド運用管理補助者（ガバメントクラウド個別領域利用権限の一部又は全部を付与し、ガバメントクラウド個別領域のクラウドサービス等の運用管理の補助を委託する事業者）においてガバメントクラウド個別領域利用権限を行使できるよう措置することとし、関係者間での手続きが簡素化されること。
- ✓ 地方公共団体がASP（地方公共団体が標準準拠システム等を利用するために、業務アプリケーション等の構築、提供、運用保守等の提供を受ける一切の事業者（ガバメントクラウド運用管理補助者を除く。））から提供を受けるアプリケーションを選択し、当該アプリケーションの利用に必要なクラウドサービス等の運用管理をガバメントクラウド運用管理補助者に委ねることで、地方公共団体は既製品のシステムを利用する場合に類似した利用形態を採用することが可能となり、運用管理の負担を軽減できることが期待されること。
- ✓ ガバメントクラウド運用管理補助者があらかじめ運用管理の方法等を提案し、それを複数の地方公共団体が選択することで、複数の地方公共団体のガバメントクラウド個別領域のクラウドサービス等の運用管理を効率的にまとめて行うことが可能なこと。

6）ガバメントクラウド利用に当たっての手続等

ガバメントクラウドを利用する場合は、デジタル庁が作成する「ガバメントクラウド手続き概要」等の関係ドキュメントを参照し、各種手続を行うこととなる。当該ドキュメントに記載されている想定スケジュールを参考に移行計画を検討することが望ましい。また、契約手続に当たっては、以下の契約ひな型等を参考にして行う。これらの資料については、今後デジタル庁から提供・拡充される予定である。

・ガバメントクラウド利用権付与・運用管理委託規約（地方公共団体・デジタル庁間）
・ガバメントクラウド運用管理補助委託契約ひな型（地方公共団体・ガバメントクラウド運用管理補助者間）
・アプリケーション等提供・保守契約ひな型（地方公共団体・ASP間）

7）その他作成に当たっての留意点

標準準拠システムへの移行の目標時期は令和7年度とされており、自治体における最終データ移行については、令和5年度から令和7年度までに行われることが想定され、住民への影響を最小限にとどめようとすると、自ずとその機会が制約される。全自治体が短期間に集中してシステムを更改することを想定した場合、実際に活用できる日程は極めて限られていることも考えられることから、具体的、かつ、余裕を持った標準準拠システムへの切替時期を定めた上で移行計画を作成すること。

※図表42～43省略

63

（2） システム選定フェーズ

システム選定フェーズにおいては、計画立案フェーズで作成した移行計画を踏まえ、ベンダに対する情報提供依頼（RFI）、移行計画の詳細化、予算要求等を行い、ベンダへの提案依頼（RFP）を経て、標準準拠システム提供ベンダを選定する。

本フェーズは、システム移行の時期によって実施すべきタイミングが異なってくるものの、RFIについては早期に実施し、ベンダからの情報収集を積極的に進めることを推奨する。

図表 44 システム選定フェーズの各項目の役割及び記載頁数

	記載頁数	各項目の役割
⑤ベンダに対する情報提供依頼（RFI）資料の作成	P.65～69	RFI資料の作成における主な観点について説明
⑥RFIの実施	P.70～71	RFIにおける確認事項及び主な確認観点について説明
⑦RFI結果分析及び移行計画の詳細化	P.71	RFI後の結果分析における主な観点及び移行計画の確定について説明
⑧予算要求	P.71	予算要求時の留意事項（要求時期、積算項目等）について説明
⑨ベンダへ提案依頼（RFP）	P.71～72	RFPにおける提示内容、契約方式の留意事項について説明
⑩ベンダ選定・決定	P.72	ベンダ選定時の評価ポイントについて説明
⑪契約・詳細スケジュール確定	P.72～73	ベンダとの契約協議及び移行に係る留意事項について説明
⑫特定個人情報保護評価（PIA）	P.73～75	特定個人情報保護評価に関する一般的な作業フローについて説明

⑤ベンダに対する情報提供依頼（RFI）資料の作成

計画立案フェーズにて整理した機能・帳票要件や移行計画を基に、調達範囲について検討を行った上で、各ベンダに情報提供依頼（RFI）を行うための資料を作成する。RFIの目的は、想定している次期システムの要件等を実現性（想定している調達スケジュールが現実的か、【標準オプション機能】の実装見込みはどの程度か等）・経済性（自団体が想定している費用（予算）の範囲内で調達することは可能か）の観点から確認するものである。図表45の分析観点を参考に、RFIに必要となる資料を作成することが望ましい。

なお、機能の確認に当たっては、標準準拠システムであれば【実装必須機能】及び【実装不可機能】については標準仕様書に記載の要件に準拠していることから、【標準オプション機能】の実装度合いや実際の製品の画面・操作性等を重点的に情報収集・分析することとなる。

また、標準仕様の対象外のシステムについても併せて更改を検討する場合は、当該システムの機能・帳票要件等を対象とした、要求仕様書等をRFI用に作成する必要がある。

65

図表 45　RFI の分析観点ごとに必要となる資料

分析観点		分析内容	RFI の分析（実施）に当たって必要となる資料等	参考図表
実現性	全般	✓ 調達範囲・単位、スケジュール、インフラ等の実現性の確認	✓ 調達範囲・単位、スケジュール、インフラ（回線容量やネットワーク構成等）等の調達に関する現在の想定と確認事項を整理した資料	図表 46
	機能・帳票要件	✓ 標準仕様書に準拠した業務フローに関するベンダ意見の収集	✓ 業務フローの見直しに係る課題と確認事項を整理した資料	図表 46
		✓ 【標準オプション機能】のうち、必要な機能の確認	✓ 【標準オプション機能】のうち、必要な機能を整理した資料*1	図表 47
		✓ 標準準拠システムとそれ以外のシステム間の連携に係る追加的に必要な連携要件等の確認	✓ 標準準拠システムとそれ以外のシステム間の連携に係る追加的に必要な連携要件等を整理した資料*2	図表 48
	非機能要件	✓ 標準仕様で定められている非機能要件のほか、追加的に必要な非機能要件の確認	✓ 標準仕様で定められている非機能要件のほか、追加的に必要な非機能要件（帳票印刷、バッチ処理代行、処理立会等の役務要件等）を整理した資料*3	図表 49
	デモンストレーション	✓ 画面・操作性・ユーザーインターフェース等が実際の製品・サービスにおいてどのように実現されているか	✓ デモンストレーション実施要領、デモンストレーションにおける確認観点等を整理した資料	-
経済性	全般	✓ 移行方式（切替／バージョンアップ）ごとの費用の比較、妥当性の評価	✓ 見積り様式	図表 50
	機能・帳票要件	✓ 追加的に必要な機能・帳票要件についての費用対効果の検証	✓ 追加的に必要な機能・帳票要件ごとの見積りを取得できる様式（＊1・＊2の資料において「追加費用」を記載する欄）	図表 47 図表 48
	非機能要件	✓ 追加的に必要な非機能要件についての費用対効果の検証	✓ 追加的に必要な非機能要件ごとの見積りを取得できる様式（＊3の資料において「追加費用」を記載する欄）	図表 49

※標準準拠システムと併せて更改を検討するシステムがある場合は、別途 RFI 用に要求仕様書等を作成する必要がある。

図表 46　確認事項一覧の様式例

確認事項一覧

No	大項目	小項目	ベンダへの確認事項	ベンダ回答欄
1	全般	スケジュール	現在想定している移行スケジュールについて、対応可否をご教示ください。	RFI 時にベンダにて記入
2	機能要件	個人住民税	○○という機能の実現可否をご教示ください。	
3				
4				
5				

図表 47　【標準オプション機能】のうち必要な機能一覧の様式例

【標準オプション機能】のうち必要な機能一覧
（住民記録）

				ベンダ名		
機能名称		機能の定義	備考	ベンダ回答欄		
				実装の有無	代替手段提案	備考
1. 1. 19	氏名優先区分	郵便物の送付先の記載に対して氏名優先区分（例：外国人住民について、通称のみの記載を希望するか、本名のみの記載を希望するか。）を管理すること。		RFI 時にベンダにて記入		
1.3.4	方書管理	方書のカナを登録管理できること。				
1.3.5	地区管理	市区町村の区域を複数の区域に分割した地区について登録管理できること。				

67

図表 48　追加的に必要な連携要件一覧の様式例

追加的に必要な連携要件一覧

No.	データ作成元名（現行ベンダ名）	方向	データ連携先名（現行ベンダ名）	連携情報名	連携方式	処理タイミング	調達外システム連携	コード変換		備考	追加費用
								有無	変換先コード		
1	住民記録（○○システム株式会社）	→	証明書コンビニ交付システム（○○システム株式会社）	住基情報	自動	随時	●			5分サイクル	RFI時にベンダにて記入
2	住民記録（○○システム株式会社）	→	総合福祉システム（○○システム株式会社）	住基情報	自動	随時	●				
3	固定資産税（○○システム株式会社）	→	被災者生活再建支援（○○システム株式会社）	課税情報（現況情報）	手動	月次	●	●	SJIS		
4	個人市民税（○○システム株式会社）	→	証明書コンビニ交付システム（○○システム株式会社）	所得証明書データ	自動	日次	●				

図表 49　追加的に必要な非機能要件一覧（帳票印刷の記載例）の様式例

No.	業務名称	帳票名称	概算出力枚数（年間）	1通当たりの枚数	通数（＝封入封緘の数）	印刷以外の役務要件（要望）							同封物要件		山分け要件	希望納期（営業日）	備考（発送時期など）
						折り	圧着	製本	封入	封緘	引抜き	郵送代行	同封物の有無	（同封物有の場合）同封物名			
1	個人市民税	給与支払報告書総括表	20,000	1枚で1通分	20,000	●		●	●	●	●	●	有	・送付状（B5） ・返信用封筒		15	
2	個人市民税	市申告書（当初準備）　※未申告調査用も含む	12,000	1枚で1通分	12,000	●		●	●	●	●	●	有	・申告の手引き ・返信用封筒 ・郵送申告の案内（A4）		3	①当初分9,500件…5営業日 ②調査分2,500件…3営業日
3	個人市民税	住民税納付書（一般で年金特徴でない）	24,000	6枚で1通分	4,000	●		●	●	●			有	・○○市税口座振替依頼書／自動振込利用申込書（ハガキ） ・課税説明用チラシ（A4）		2	
4	個人市民税	住民税納付書_65歳以上（一般）	5,000	6枚で1通分	833	●		●	●	●			有	・課税説明用チラシ（A4）		5	項目5・6・7・8・14は同時に依頼（5月下旬～6月上旬）
5	個人市民税	住民税納付書_65歳以上（一般で年金特徴）	5,000	6枚で1通分	833	●		●	●	●			有	・課税説明用チラシ（A4） ・年金特別徴収説明用チラシ（A4）		5	項目5・6・7・8・14は同時に依頼（5月下旬～6月上旬）

ベンダ名	

No.	業務名称	帳票名称	ベンダ回答欄											
			提供サービス									単価	見積額	備考
			折り	圧着	製本	封入	封緘	引抜き	郵送代行	納期（引抜き・郵送代行なし）	納期（全サービス）			
1	個人市民税	給与支払報告書総括表	上表の前提条件に基づき、RFI 時にベンダにて記入											
2	個人市民税	市申告書（当初準備）　※未申告調査用も含む												
3	個人市民税	住民税納付書（一般で年金特徴でない）												
4	個人市民税	住民税納付書_65歳以上（一般）												
5	個人市民税	住民税納付書_65歳以上（一般で年金特徴）												

図表 50　見積り様式例

項目	項目定義	金額（税込）	明細、前提条件	令和●年度
移行費用		0 (千円)		0 (千円)
アプリケーション開発経費	業務アプリケーションパッケージに関する経費	0 (千円)	サービス利用料として請求する場合は、サービス利用料の欄に記載ください	0 (千円)
住民記録システム		0 (千円)		
選挙人名簿管理システム		0 (千円)		
固定資産税システム		0 (千円)		
個人住民税システム		0 (千円)		
法人住民税システム		0 (千円)		
軽自動車税システム		0 (千円)		
●●システム		0 (千円)		
●●システム		0 (千円)		
●●システム		0 (千円)		
●●システム		0 (千円)		
環境構築経費	ハードウェア、ソフトウェア、回線等のインフラ設計・構築作業経費	0 (千円)		0 (千円)
ガバクラ等上の稼働環境設定		0 (千円)		
標準準拠システム利用に必要な初期設定		0 (千円)		
庁内とガバクラ等との接続設定		0 (千円)		
		0 (千円)		

RFI 時にベンダにて記入

【標準オプション機能】について

各業務の標準仕様書において、自治体が利用を選択できることとして差し支えない機能として「標準オプション機能」の整理がなされている。

図表 51 に示すとおり、現行システムにおけるシステム要件を整理した上で、「標準オプション機能」のうち、各自治体において必要だと判断する機能については、次期システムに求める機能の優先順位付けを行うことが必要である。その上で、ベンダごとの「標準オプション機能」に関する実装見込みの確認を行うことが望ましい。

図表 51　【標準オプション機能】の確認作業

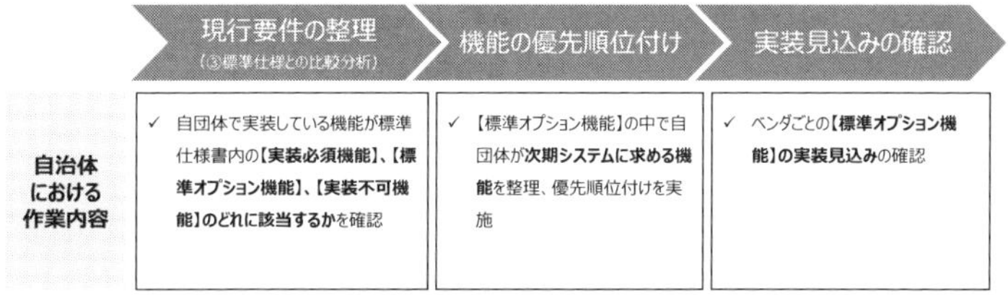
現行要件の整理
（③標準仕様との比較分析）
機能の優先順位付け
実装見込みの確認
自治体における作業内容
✓ 自団体で実装している機能が標準仕様書内の【実装必須機能】、【標準オプション機能】、【実装不可機能】のどれに該当するかを確認
✓ 【標準オプション機能】の中で自団体が次期システムに求める機能を整理、優先順位付けを実施
✓ ベンダごとの【標準オプション機能】の実装見込みの確認

69

⑥RFIの実施

作業項目⑤「ベンダに対する情報提供依頼（RFI）資料の作成」で作成した資料を基に、各ベンダにRFIを実施する。また、文字情報基盤文字への対応については、作業前倒しの候補となり得ることから、ベンダに対するRFIを積極的に行うべきである。

なお、作業項目⑤「ベンダに対する情報提供依頼（RFI）資料の作成」における図表45の分析観点はあくまで参考であり、資料の作成はこの方法に限られるわけではなく、例えば移行パターン決定の参考とするために、「想定している調達スケジュールが実現可能か」といった事項に簡略化した資料を用いてRFI（以下、「簡易化したRFI」という。）を実施することも考えられる。

簡易化したRFIを実施する場合においても対象業務や移行想定スケジュール、標準化対象外の機能の必要性の有無については、整理しておくことが望ましい。

簡易化したRFIで情報提供を依頼する内容については、次のような事項が考えられる。

図表52　簡易化したRFIでの情報提供依頼事項（例）

No.	分類	確認事項
1	RFP参加の可否	✓　現状想定している移行時期を踏まえた各事業者のRFP参加可否 ✓　RFP参加に当たって希望する緩和条件（調達時期の前倒しなど）
2	標準化対象業務の同時提案の可否	✓　同時期に調達する複数の標準化対象業務への提案可否
3	標準化対象外業務への対応可否	✓　現行システムにおいて、同一システムで対応している標準化対象外の業務に関する提案可否
4	費用	✓　標準化に係る費用
5	その他	✓　その他、全体を通しての提案や意見

また、標準化対象システムに関するRFIについては、複数の自治体において共同して実施することも選択肢の一つと考えられる。

【現行システムでスクラッチ開発の自治体における留意点】

特に現行システムでスクラッチ開発を行っている自治体でRFIを実施する場合は、ベンダからの回答に長期間を要することもあることから留意が必要である。

⑦RFI結果分析及び移行計画の詳細化

作業項目⑥「RFIの実施」において収集した情報を集約し、分析した後、標準仕様書対応表及び移行計画の詳細化・変更を行う。情報の分析に当たっては、図表45で示した分析観点を参照すること。

なお、調達単位を細かく分けてRFIを実施した場合は、情報の整理・分析に時間を要することに留意されたい。

⑧予算要求

RFI結果を勘案し、標準準拠システムへの移行経費について予算要求を行う。

なお、予算要求に際しては、ベンダ間の見積りを照らし合わせる等により、積算漏れ項目がないか、不要な項目が含まれていないか等の点検を十分に行う。

また、予算要求に当たっては、当該予算要求の項目が、デジタル基盤改革支援補助金の補助対象となるか否か整理する必要があることから、当該補助金の申請に当たっての必要事項や留意点等が記載されている事務処理要領や補助金Q&A等を必ず確認すること。

⑨ベンダへ提案依頼（RFP）【Aパターンのみ】

RFIの後、必要に応じて仕様の調整を行い、最終的な調達仕様を確定する。その後、各ベンダへ提案依頼（RFP）を行う。

「デジタル・ガバメント推進標準ガイドライン解説書」（令和4年4月20日デジタル庁）の「第6章 調達 ア 契約方式の検討」においては、「契約方式は、一般競争入札（総合評価落札方式を含む。）を原則とする。例外的に随意契約を行う場合には、原則、企画競争又は公募を行うことにより、透明性及び競争性を担保するものとする。なお、公募を行った結果、応募が複数あった場合には、一般競争入札（総合評価落札方式を含む。）又は企画競争を行うものとする。」とされている。（https://www.digital.go.jp/resources/standard_guidelines/）

RFP実施に当たっては、調達の方式にあった様式等（実施要領や評価基準）を作成すること。

また、基本方針において、機能標準化基準の適合性の確認について

71

は、標準準拠システムを利用する自治体が一義的に責任を有しており、標準準拠システムは、実装必須機能及び標準オプション機能を実装し、それら以外の機能を実装してはならないことから、自治体は、標準準拠システムを利用する前に、それらの機能が実装されていること及びそれらの機能以外が実装されていないこと、標準化対象外システムとの連携がデータ要件・連携要件標準仕様書に基づいた項目等になっていることを確認する必要があるとされている。

このため、まず、RFP 時においては、「各仕様書に記載されている実装必須機能が全て実装されているか」、「実装不可機能が実装されていないか」を各ベンダに回答してもらうなどにより、ベンダが提案する標準準拠システムが標準仕様に適合する方針であるか否かを自治体で確認できるよう、対応を求めることが重要である。また、標準オプション機能については、自団体が求める機能を明記した上で、各ベンダに実装の方針を確認する必要がある。

なお、各機能・帳票毎に適合していることを示したマニュアル等をベンダに提示するよう求めることが望ましいが、RFP 時点で当該資料が存在しない場合は、少なくとも前述の通り、標準仕様書の要件を満たす方針であるかについては確認を行い、今後の開発スケジュールの提出を求めることが考えられる。

⑩ベンダ選定・決定【A パターンのみ】

提案書、デモンストレーション、プレゼンテーション等により、画面、操作性、非機能要件等を評価し、標準準拠システム提供ベンダを決定する。

また、ベンダから提示されたマニュアル等から、当該ベンダが提供するシステムの適合性の確認も併せて行うこと。

⑪契約・詳細スケジュール確定

標準準拠システム提供ベンダと契約を行うとともに、要件定義やデータ移行日等の詳細なスケジュールを確定する。

また、標準準拠システムをガバメントクラウド上で利用する場合、自治体はデジタル庁に対し、ガバメントクラウドの各利用方式（共同利用方式・単独利用方式）に基づいた利用申請を行い、デジタル庁と「ガバメントクラウド利用権付与・運用管理委託契約」を締結する必要がある。その他、ガバメントクラウドの運用管理を委託するための

「ガバメントクラウド運用管理補助委託契約」をガバメントクラウド運用管理補助者と締結する必要があるため、当該作業についても提供ベンダとの契約と併せて同時並行で進めること。

加えて契約に当たっては、ベンダ間移行の円滑化を図る観点から、データ要件の標準に定めるとおり、当該システムが保有するデータを任意のタイミングで入出力できるようにすることが望ましい。また、標準仕様への適合について、契約上も担保するため、各標準仕様書の機能・帳票要件等を契約書類の一部とすることが望ましい。さらに、契約時においては、各機能・帳票毎に適合していることを示したマニュアル等の提示についても、契約上担保することが望ましいが、契約時点で当該資料が存在しない場合は、今後の開発スケジュールの提出を求めるとともに、少なくとも検収時までに当該資料を提出させるようにすることが考えられる。

【Aパターンにおける留意点】

A パターンにおいては、データの円滑な移行を行うため、まずは現行契約中、移行データ出力作業に係る内容の有無を確認し、データ出力作業に係る内容が現行契約に含まれない場合には、契約内容の追加・変更等を行うことが望ましい。この場合、移行データ不備が原因で標準準拠システムの運用テスト等が滞ることがないように、自治体・現行ベンダ・標準準拠システム提供ベンダとの三者協議の場を設け、データの精度・内容等について共通認識を持つことが重要となる。また、ベンダ起因による移行データ不備時の移行データ出力回数に関して柔軟に対処することや移行データ出力も必要回数を見込んだ上での契約により、対処することができると考えられる。

⑫特定個人情報保護評価（PIA）

行政手続における特定の個人を識別するための番号の利用等に関する法律（平成25年法律第27号。以下「番号法」という。）に基づき、標準化対象事務においても、特定個人情報ファイルを取り扱う場合は、特定個人情報保護評価書の作成及び個人情報保護委員会への提出、公表が必要となる。

（参考）個人情報保護委員会　特定個人情報保護評価ホームページ

73

https://www.ppc.go.jp/legal/assessment/

ア）評価の対象となる事務

評価の対象となる事務は、特定個人情報ファイルを取り扱う事務であり、原則として、番号法別表第一に掲げる事務ごとに評価を実施する必要がある。

なお、既に当該事務について評価を実施していたとしても、現行システムから標準準拠システムへの移行作業を行う際に、システムを全面的に入れ替える場合や事務手続を大幅に変更する場合は、評価実施機関が実施する事務又はシステム全体に複雑な影響を及ぼしかねないことから、評価の再実施が必要であるため留意されたい。

イ）評価の実施手続

評価を実施又は再実施する場合、しきい値判断[※1]の結果に従い、特定個人情報保護評価書を作成の上、個人情報保護委員会へ提出し、当該評価書を公表する。その際、特定個人情報保護評価計画管理書を更新し、併せて提出する。

評価の実施時期について、原則として、特定個人情報ファイルを保有する前又は特定個人情報ファイルに重要な変更を加える前に実施するものとされているところ、システム開発を伴う場合は、プログラミング開始前の適切な時期[※2]に評価を実施又は再実施する必要がある。

- ✓ 特定個人情報保護評価計画管理書
- ✓ 特定個人情報保護評価書[※2]

※1　特定個人情報ファイルを取り扱う事務について特定個人情報保護評価を実施するに際しては、①対象人数、②評価実施機関の従業者及び評価実施機関が特定個人情報ファイルの取扱いを委託している場合の委託先の従業者のうち、当該特定個人情報ファイルを取り扱う者の数（以下「取扱者数」という。）、③評価実施機関における規則第4条第8号ロに規定する特定個人情報に関する重大事故の発生（評価実施機関が重大事故の発生を知ることを含む。以下同じ。）の有無に基づき、特定個人情報保護評価の種類を判断する必要がある（図表53参照）。

※2　パッケージシステムをノンカスタマイズで利用する場合は、システム等を稼働させるサーバ等へのパラメータ設定等の適用

が行われることにより、サーバ等に直接的に変更を加えることになるため、プログラミングに相当するものとして、システムへの適用を実施する前までに評価を実施する必要がある。

なお、実施する特定個人情報保護評価の種類によっては、個人情報保護委員会へ提出する前に、住民からの意見聴取や条例等に基づき自治体が設置する個人情報保護審査会等による第三者点検を受ける事務が生じる場合もあるので、留意されたい。

図表 53　特定個人情報保護評価の一般的な作業フロー

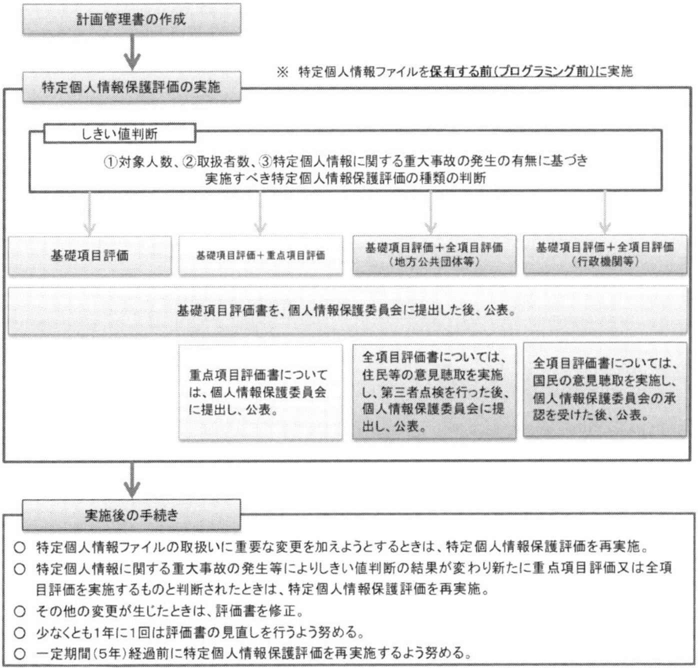

出典：「特定個人情報保護評価について（概要版）」（個人情報保護委員会ホームページ）より抜粋

（3）移行フェーズ

移行フェーズにおいては、標準準拠システムへの移行に伴い、実際の画面・帳票確認や事務運用の変更内容の確認、ネットワーク接続等を行う。加えて、移行しようとするシステムの準拠性について確認する。

データ移行に関しては、自治体・ベンダ双方に文字データ変換に係る作業が発生する見込みであり、本作業は現行ベンダと協議のうえ、可能な限り前倒しで作業を進めることを推奨する。

また、標準準拠システムの円滑な稼働開始に向けて、実際にシステムを利用する自治体職員に対して十分な研修を行う。

なお、マルチベンダで標準準拠システムへの移行を想定している場合、ベンダ間の調整を自治体で行う必要がある点に留意されたい。

さらに、これらの作業項目に加え、標準仕様を確認し、条例や規則等の改正が必要な場合は、議会日程等も勘案しながら改正する必要がある。

図表 54　移行フェーズの各項目の役割及び記載頁数

	記載頁数	各項目の役割
⑬システム移行時の設定	P.77	標準準拠システムの運用方法を検討・確定するための作業の概要及びベンダ切替時の留意事項について説明
⑭データ移行	P.78～80	データ移行に関する作業の概要及び移行作業の留意事項について説明
⑮運用テスト・研修	P.80	テスト・研修の進め方の概要及びベンダ切替時の留意事項について説明
⑯次期システムに合わせた既存環境の設定変更	P.81	庁内ネットワークとの接続や、他業務システムとの連携作業の概要及び留意事項について説明
⑰条例・規則等の改正	P.81	次期システム移行に伴う条例・規則改正作業の概要について説明

⑬システム移行時の設定

標準準拠システムを基に運用のシミュレーションを行い、標準準拠システムの運用方法を検討・確定する。

ベンダから提供を受ける標準準拠システムの機能を確認する。なお、データ要件・連携要件標準仕様書において、「標準準拠システムと連携対象システムを同一のパッケージとして事業者が提供している場合には、その最も適切なあり方を事業者と地方公共団体で協議していくことを前提に、当分の間、経過措置として、パッケージの提供事業者の責任において標準準拠システムと連携対象システムの間の連携を行うことを可能とする」とされているため、導入する標準準拠システムが当該経過措置を適用するか否かは、次期移行に備え、ベンダに確認することが望ましい。

現行システムとの最終的な差異の確認（Fit＆Gap）を行い、調達仕様に対する提案内容と同一か確認する。

【システム移行時の留意点】

システム移行時には現行システムと操作方法や画面等の変更があり得るため、確認が必要となる。

また、標準準拠システムと併せて更改を検討するシステムがある場合には、必要に応じて要件定義（自治体が次期システムに求める機能や業務横断的な課題について、その実現の可否・実現手段をベンダと主管課、当該業務の関連部署・情報所管課がWGなどを開催し、それぞれ確認していくプロセスをいう。）を実施する。

【マルチベンダの場合の留意点】

標準準拠システムをマルチベンダで導入した場合、連携状況を確認するために、相互接続性試験等の連携テストを実施することとなり、ベンダ間の調整を自治体で行う必要があるため、留意すること。

77

⑭データ移行

既存データの整理（データクレンジング）を実施の上、データ移行方針や外字の文字情報基盤文字への同定の基準について自治体とベンダで調整を行う。

RFI 時に確認した文字情報基盤文字対応の作業について、標準準拠システム提供ベンダとの契約前に自治体側で先行作業できる内容（既存システムの文字セットや外字数の確認、同定作業内容の確認、同定基準作成等）については、現行ベンダに対応可否を確認し、作業を進める。作業の具体的な内容については、P.82「文字情報基盤文字への対応」を参照すること。

データクレンジング作業については以下のような検討事項が想定される。

- ✓ 現行システムでは保持していないが、データ要件では必要となる項目の取扱い（ex.処理年月日を保持していない等）
- ✓ 現行システムと機能要件で履歴の管理方法が異なるデータ項目の取扱い（ex.履歴を管理する、しない等）
- ✓ 現行システムとデータ要件でコード値のバリエーションが異なる項目の取扱い（ex.性別：男性、女性、不明、未回答、その他等）
- ✓ データ要件では必須となるデータの欠損(ex.現行システムでは必須入力となっていなかった等)
- ✓ データ要件では必須となるデータの誤り(ex.現行システムではチェック処理がなかった、前システムから強制的に持ち込んだ、データベースを強制的に修正した等)
- ✓ データ要件と現行システム間の項目桁数の差異(ex.フリーテキスト項目の文字数が標準準拠システムの方が少ない場合等)

これらについては、移行元・移行先のベンダ間において役割分担の調整が必要となるが、移行元ベンダ（その他の事業者に外注することも考えられる。）の協力の下、進められるものも存在する。移行について A パターン・B パターンいずれを採用するかにかかわらず、また、A パターンにおいて移行先ベンダが決定する前であっても、移行元ベンダの協力の下、自治体において作業着手し、可能な限り作業を進めておくことが望ましい。

最終のデータ移行に当たっては、移行に備えたバックアップをとり、行政サービスに支障が生じないように留意する。最終データ移行は、それまでに複数回同じ手順でリハーサルを実施している前提であるが、ネットワークの帯域影響等、リハーサル時と異なる要因が原因で作業スケジュールが遅延するリスクがないか、あらかじめ職員と標準準拠システム提供ベンダの作業関係者内で十分にリスク確認と対策の検討を行う。

また、基幹業務システムは、ガバメントクラウドを活用した標準準拠システムへの円滑なデータ移行を行うことを可能とするために、データ要件の標準に適合する必要がある。

デジタル庁は、ベンダが開発した標準準拠システムについて、ベンダからの申請に基づき、ダミーデータ等を使用して、ガバメントクラウド上に構築された適合確認ツールにより適合確認試験を実施することとなっており、適合確認試験に合格した対象システムがガバメントクラウド上で提供可能となっている。当該試験の実施状況等について、標準準拠システム提供ベンダと十分に協議し、作業を進める必要がある。

なお、データ要件の標準については、データ要件・連携要件標準仕様書にて以下のとおり示されている。

○データ要件の標準について

データ要件の標準とは、機能標準化基準（地方公共団体情報システム標準化基本方針3.3.1に規定する機能標準化基準をいい、当該機能標準化基準に基づき作成する標準仕様書を含む。）を実現するために必要なデータのレイアウト（データ項目名、型、桁数等の属性を定義したもの）の標準である。

ただし、システム制御やシステム運用に必要なデータ項目は、標準準拠システム（基本方針2.1に規定する標準準拠システムをいう。）のプログラムの構造に係るものであり、標準準拠システムを提供する事業者の競争領域に係わるものであることから、データ要件の標準の対象とはしない。

標準準拠システムは、当該システムが保有するデータを、データ要件の標準に定めるとおり、任意のタイミングで入出力することができ

79

るようにしなければならない。

⑮運用テスト・研修

標準準拠システム提供ベンダと業務主管部署が調整の上、運用テストデータ準備、運用テスト及びデータ移行の最終確認等を行う。

システム更改後、データ移行内容やシステム間の連携において問題が発生することが多いため、事前に十分に運用テストを実施するとともに、バックアップ体制確保や調整についてもあらかじめ移行計画に組み込んでおく。

また、標準準拠システムの操作研修を開催する。会場の確保、職員の参加手配については、業務主管部署とも協議の上、事前準備を行う。

【研修実施における留意点】

操作方法や画面等の変更があり得るため、疑似データによる実機研修を行うのか、検証環境等を利用し本番データで業務後に研修を行うのか等、最適な研修方法を見極める。

⑯次期システムに合わせた既存環境の設定変更

ア）新システム環境構築・NW接続

標準準拠システムと庁内ネットワーク接続の設計、構築、端末整備等を行う。また、必要に応じて、端末やプリンタ等の周辺機器の調達も行う。

なお、ガバメントクラウドと庁内ネットワークの接続については、ガバメントクラウド利用基準において、「原則として、ガバメントクラウド接続サービスを活用した接続とする。」としつつ、デジタル社会の実現に向けた重点計画（令和４年６月７日閣議決定）においては、「ガバメントクラウドと地方公共団体の庁内システムとの接続方法の当面の選択肢」としていたLGWANを活用した接続については、選択肢とすることも含め引き続き検討を進める」こととされている。

LGWANを活用した接続については、J-LISが開催する「次期LGWANに関する検討会」において検討が行われているところであり、J-LISから別途示される予定の資料を確認し、その検討状況を把握しておくことが望ましい。

イ）他業務システム連携設計、業務間調整

他業務とのデータ連携項目、ファイル形式、処理タイミング等を確認の上、他業務とのデータ連携テスト・変更を行う。

⑰条例・規則等改正

標準準拠システムを利用する場合の運用や出力される帳票等を確定し、議会日程等も勘案しながら、必要に応じて条例や規則等を改正する。特に様式等については変更が生じる可能性が大きいため、条例や規則等でどのように規定しているかを事前に十分に確認しておく。

4．その他の留意事項

文字情報基盤文字への対応

地方公共団体情報システムデータ要件・連携要件標準仕様書【第1.0版】において定められた文字要件に対応するために、標準準拠システムへの移行に際し、文字データ変換が発生する（当該文字要件は図表55のとおり。）。このため、作業項目⑭の「データ移行」の際に行うのではなく、前倒しして実施することが重要となる。

図表55　地方公共団体情報システムデータ要件・連携要件標準仕様書　文字要件[※1]

	氏名等[※2]以外	氏名等
文字セット・字形	JIS X 0213:2012	文字情報基盤として整備された文字セット[※3]（以下「MJ+」という。）
文字コード	JIS X 0221:2020	

※1　戸籍システム、戸籍附票システム、住民記録システム及び印鑑登録システムに関する文字要件を抜粋。

※2　氏名等とは、氏名/旧氏/通称・世帯主の氏名・住所/方書・本籍・筆頭者のこと。

※3　文字情報基盤として整備された文字セットとは、文字情報基盤の文字セット及び文字情報基盤の文字とは別の文字セット（文字情報基盤の文字と同定する取組みを行った上でも、なお「外字」を利用せざるを得ない文字の文字セット）を合せた文字セットのこと（デジタル庁が法務省と協力して整備する）。

文字データ変換の工程は、図表56のとおりである。特に「移行内容・作業内容確認」及び「同定基準作成」は、早期に実施可能な作業と考えられるため、先行着手する等、移行作業の平準化についても積極的に検討することが望ましい。

氏名等については、MJ+への同定作業を行う必要があり、MJ+については、P.24に記載したスケジュールでデジタル庁において検討中であることから作業スケジュールについては留意が必要であるが、MJ+が作成されるまでの間に、文字情報基盤の文字セット（IPAmj明朝フォント（Ver.006.01：最新））へ同定できる文字については、先に同定作業を進めること。この際、IPAmj明朝フォントに同定できない文字及びIPAmj明朝フォントへの同定文字を一意に選択できない文字については、経過的に「外字」としてそのまま残しておくこと。その上で、デジタル庁がMJ+

を作成し、MJ+縮退マップを整備した後に、当該縮退マップを活用して、経過的に「外字」として残している文字をMJ＋へ同定すること。この手順により、文字同定作業を早期に着手することが可能となる。

図表 56 文字データ変換の作業工程（例）

No	工程	作業概要	自治体	現行ベンダ	標準準拠システム提供ベンダ
1	移行内容・作業内容確認	既存システムの文字セットや外字数の確認、同定作業内容の確認	○	○	
2	同定基準作成	同定作業に当たっての、同字とする条件・別字とする条件の検討	○	○	
3	外字ファイル抽出	既存システムの外字ファイル（字形及び属性情報）の抽出	○		
4	使用文字調査	既存システムのデータベースを調査、移行対象文字を絞り込み	○		○
5	同定作業	内字・外字の同定作業を実施			○
6	同定結果確認リスト作成	同定結果を帳票形式で作成			○
7	同定結果確認・承認	同定結果の確認及び承認	○		
8	コード変換テーブル作成	承認結果を基に使用文字の変換テーブルを作成（必要に応じて、住基統一文字との変換テーブルも作成）、確認	○		○
9	新システム用外字ファイル作成	承認結果を基に新システム用の外字ファイルを作成（必要に応じて、作成した外字の派生元に関する情報（戸籍統一文字番号、住基統一文字の文字コード、登記統一文字番号）も整理）			○
10	外字ファイル登録、データ移行	外字ファイルを新システムに登録、データ移行作業及び移行結果の確認	○		○

5．都道府県の役割

（1） 生活保護・児童扶養手当の業務システムの標準化対応

令和 4 年 8 月に示された生活保護システム標準仕様書【第 1.0 版】及び児童扶養手当システム標準仕様書【第 1.0 版】において、都道府県が所管する事務についても標準化・共通化の対象となったことから、早急に各システムの標準化・共通化の取組を進める必要がある。取組に当たっては、本手順書を参考にしていただきたい。

（2） 市区町村の標準化・共通化の取組の支援

基本方針において、標準化法第 9 条第 3 項の規定に基づき、都道府県は、広域自治体として、管内市区町村の基幹業務システムの標準化・共通化の進捗管理等を行うとともに、PMO ツールを用いて、国や管内市区町村との連絡調整や助言、情報提供について、主体的かつ主導的な役割を果たすことが求められている。

特に、管内市区町村のうち、目標期限内の標準化・共通化の対応の完遂が難しい現状にある団体に対しては、丁寧に課題を聞取り、必要な助言や情報提供を行うことや、必要に応じて国等との意見交換を行うことが都道府県の役割として考えられる。

また、国からの標準化・共通化の取組に関する新たな情報の共有等はもちろんのこと、標準化・共通化の取組についての勉強会や意見交換会を定期的に行い、日頃から都道府県と市区町村の関係性を築いておくことも重要と考えられる。

第八

財政支援

自治体情報システムの標準化・共通化に向けた環境整備

1，825億円 ※四捨五入の関係上、合計額が必ずしも一致しない
（R2第3次補正予算：1，509億円、R3第1次補正予算：317億円）

○ 標準化対象の20業務（※）に係る自治体の情報システムについて、クラウド活用を原則とした標準化・共通化に向けた自治体の取組を支援し、令和７年度までに標準化基準に適合した情報システム（標準準拠システム）を利用する形態に移行することを目指す。

（※ 20業務（児童手当、子ども・子育て支援、住民基本台帳、戸籍の附票、印鑑登録、選挙人名簿管理、固定資産税、個人住民税、法人住民税、軽自動車税、戸籍、就学、健康管理、児童扶養手当、生活保護、障害者福祉、介護保険、国民健康保険、後期高齢者医療、国民年金））

概要

● 各自治体が、令和７年度までにガバメントクラウド上で構築された標準準拠システムを利用する形態に移行することを目指すため、住民に関する事務処理の基盤となる基幹系情報システムについて、移行のために必要となる経費を支援する（基金に計上）。

＜基金の造成先＞ 地方公共団体情報システム機構（J-LIS）
＜基金の主な使途＞
○ガバメントクラウドへの移行に要する経費
・ ガバメントクラウド上のシステムへの移行準備経費（現行システム分析調査、移行計画策定等）
・ システム移行経費（接続、データ移行、文字の標準化等） など
＜基金の年限＞ 令和７年度まで

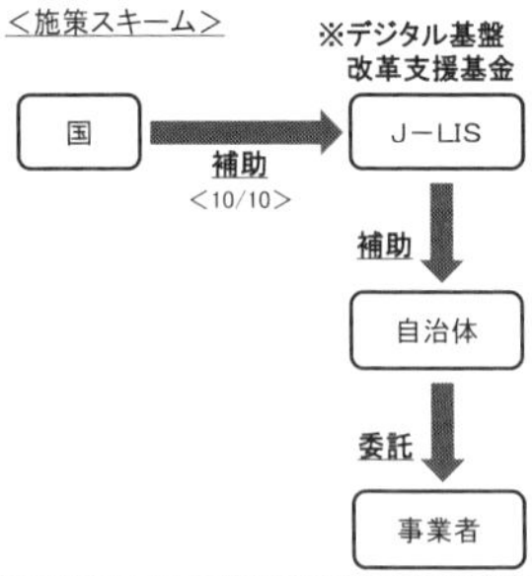

令和３年８月６日
一部改正　令和３年10月６日
一部改正　令和４年３月９日
一部改正　令和４年10月７日

デジタル基盤改革支援補助金（地方公共団体情報システムの標準化・共通化に係る事業）事務処理要領

第１　目的

この事務処理要領は、デジタル基盤改革支援補助金（以下「補助金」という。）取扱要領第３条第１項第１号に掲げる事業の実施に関して必要な細目等を定めることにより、令和７年度までに、地方公共団体がクラウド・コンピューティング・サービス関連技術を活用して提供される標準準拠システム（国が策定する基準に適合した情報システムをいう。）への計画的かつ円滑な移行を図り、もって住民の利便性の向上及び地方公共団体の行政運営の効率化を早期に実現することを目的とする。

第２　事業の実施方法等

（１）事業の内容

①　対象事業

・　第１に規定する計画的かつ円滑な移行を図るため、②に定める基幹業務システムに関して地方公共団体が行う、標準準拠システムへの移行に向けた調査等事業及び原則としてガバメントクラウド（※１参照）上でアプリケーション事業者が提供する標準準拠システムへの移行事業を対象とする。なお、ガバメントクラウド以外の環境（オンプレミスを除く。以下同じ。）へ移行する場合においては、（ア）ガバメントクラウドと性能面・経済合理性等を定量的に比較した結果を公表するとともに、継続的にモニタリングを行うこと、（イ）ガバメントクラウドと接続し、ガバメントクラウド上の標準準拠システム等と、必要なデータ連携させることを可能とすることを条件に、例外的に本補助金の対象とする。

②　対象となる基幹業務システム

・　地方公共団体情報システムの標準化に関する法律第二条第一項に規定する標準化対象事務を定める政令（令和４年政令第１号）に規定されている事務に係る以下の基幹業務システムを対象とする。

児童手当、子ども・子育て支援、住民基本台帳（外国人含む。）、戸籍の附票、印鑑登録、選挙人名簿管理、固定資産税、個人住民税、法人住民税、軽自動車税、戸籍、就学、健康管理、児童扶養手当、生活保護、障害者福祉、介護保険、国民健康保険、後期高齢者医療、国民年金

（※１）ガバメントクラウド

・　地方公共団体情報システム標準化基本方針（令和４年10月７日閣議決定。以下「基本方針」という。）において、「デジタル庁が調達するものであって、

地方公共団体が標準準拠システム等を利用できるよう、地方公共団体に対し提供するクラウドサービス及びこれに関連するサービス」とされている。

（２）交付の対象

①　交付対象団体

都道府県、市町村（特別区を含む。）

②　補助対象経費

・　（１）①の対象事業を実施する上で必要な一時経費（導入経費）のみを対象とする。

・　具体的な対象経費は、下記のとおりとする。

Ａ）調査等準備経費

各府省が作成する標準仕様書等と現行システムに係る仕様との差異の洗い出し、業務プロセス・他システムへの影響範囲の特定を行う目的で実施する現行システムの実態調査、これらを踏まえた標準準拠システムに基づく事務運用等の見直し検討、システム更新時期等を踏まえた移行計画作成等について、円滑な準備を行うための外部コンサルタント等の活用に要する経費

Ｂ）文字の標準化・データ移行等に要する経費

現行システムで使用している外字と文字情報基盤文字との同定作業（文字同定支援ツールの購入を含む。）、ガバメントクラウド又はガバメントクラウド以外の環境へのデータ移行作業（データ移行ツールの購入を含む。）、データクレンジング（データベースの中から移行後のシステムや運用に影響を与える誤りや重複を洗い出し、必要に応じてデータを修正すること。）等に要する経費

Ｃ）環境構築に要する経費

ガバメントクラウド又はガバメントクラウド以外の環境上で提供される標準準拠システムの稼働環境への接続設定、ガバメントクラウド以外の環境とガバメントクラウドとの接続設定、標準準拠システムの利用に必要なパラメータ設定など必要な初期設定作業等に要する経費

Ｄ）テスト・研修に要する経費

標準準拠システムに係る一連のテストや操作研修の実施等に要する経費

Ｅ）関連システムとの円滑な連携に要する経費

標準準拠システムと関連システム（標準準拠システムと業務データのＡＰＩ連携等を行うものに限る。）との間の連携プログラム等の修正、当該関連システムがガバメントクラウド又はガバメントクラウド以外の環境上で提供される場合の稼働環境への接続設定等に要する経費

Ｆ）契約期間中における既存システムの整理に要する経費

令和７年度までに標準準拠システムに移行するために必要となる現行システムに係る契約期間の変更等を行う場合に不可避的に発生する追加的な経費（リース残債等）

③　補助対象外経費

・　下記の経費及びこれに類する経費は補助対象外とする。

A）アプリケーション利用料（アプリケーション開発に相当する経費を含む。）やリース料等の運用経費

B）事務運用の見直しに伴うＡＩ・ＲＰＡの導入等に要する経費

C）条例・規則等の改正、ＰＩＡ実施に要する経費

D）地方公共団体職員に係る人件費（時間外手当を含む。）

E）地方公共団体職員に係る旅費

F）諸謝金（（２）②Ａ）調査研究等準備経費に含まれるものを除く。）

G）一般事務費（通信運搬費、資料等印刷経費等）

（３）補助対象経費の算出

①　移行事業について、上記（１）（２）に基づき、標準準拠システムへの移行のために直接的に必要となる経費のみを算出すること。

②　事業者に支払う経費について、一時経費（導入経費）と運用経費（アプリケーション利用料やリース料等）を一括して契約する場合においては、一時経費（導入経費）のみを対象として算出すること。

③　複数の業務システムについて一括して契約する場合（複数の業務のパッケージシステムの利用を含む。）については、補助対象となる業務システムに係る一時経費（導入経費）を対象として算出すること。

④　複数の地方公共団体によるシステムの共同利用を実施している場合で、各構成団体が補助金の申請主体となる場合、各団体が負担する一時経費（導入経費）のみを算出すること。

（４）交付額の算定方法

①　（２）②Ａ）～Ｅ）に係る経費については、次のうち、いずれか低い方の金額を交付額とする。ただし、算出された額に千円未満の端数が生じた場合には、これを切り捨てるものとする。

・各地方公共団体からの申請額のうち補助対象経費として認められる額

・別紙に定める補助基準額の上限額

②　（２）②Ｆ）に係る経費に係る交付額の算定方法については別途定める。

第３　事業の実施期間

補助金取扱要領第３条第１項第１号に掲げる事業の実施期間は、令和３年度から令和７年度までとする。

第４　その他

本事務処理要領に定める対象事業や補助対象経費等については、政府における地方公共団体情報システムの標準化・共通化の進捗に応じて、随時見直しを行うものとする。

別紙

補助基準額の上限額の算定方法について（令和４年10月７日）

デジタル基盤改革支援補助金（地方公共団体情報システムの標準化・共通化に係る事業）事務処理要領（２）A）～E）に係る経費について、以下のとおり補助基準額の上限額を算出することとする。

＜（２）A）～E）に係る経費＞
団体規模及び人口区分に応じて設定した、以下の固定費と変動費（10万円未満を切り上げ）の合計額を上限とする。

【市区町村】

	（固定費）		（変動費）
・市区町村（～５万人）	1,800万円	＋	人口×1,150.0円／人
・市区町村（５～２０万人）	7,550万円	＋	（人口－５万人）×920.0円／人
・市区町村（２０～１００万人）	21,350万円	＋	（人口－２０万人）×750.0円／人
・指定都市	83,500万円	＋	（人口－５０万人）×460.0円／人

（例）人口10万人の市区町村の場合
7,550万円＋（10万人－5万人）×920.0円/人　≒　12,150万円　※補助上限額

※　人口については、令和２年１月１日時点住民基本台帳人口総計とする。

【都道府県】

（固定費）		（変動費）
・1,650万円	＋	区域内町村人口※2×100.0円／人

（例）町村人口20万人の都道府県の場合
1,650万円＋20万人×100.0円/人　≒　3,650万円　※補助上限額

※２　人口については、当該都道府県の人口のうち町村（福祉事務所設置町村を除く。）に係るものの令和２年１月１日時点住民基本台帳人口総計とする。

令和３年８月６日
一部改正　令和３年10月６日
一部改正　令和４年３月９日
一部改正　令和４年10月７日

デジタル基盤改革支援補助金
（地方公共団体情報システムの標準化・共通化に係る事業）
に関するＱ＆Ａ（第４版）

※　このＱ＆Ａは、今後、必要に応じ、順次更新を行っていきます。
最新版を参照するようにしてください。
※　なお、本内容については、総務省自治行政局住民制度課デジタル基盤推進室とも協議済です。

１．事業の概要

Ｑ１　デジタル基盤改革支援補助金（地方公共団体情報システムの標準化・共通化（以下「標準化・共通化」という。）に係る事業。以下「本補助金」という。）の概要はどのようなものか。

Ａ１　本補助金は、地方公共団体がクラウド・コンピューティング・サービス関連技術を活用して提供する標準準拠システム（国が策定する基準に適合した情報システムをいう。以下同じ。）を利用する形態への計画的かつ円滑な移行を図るため、特定の基幹業務システム（※）に関して地方公共団体が行う

・標準準拠システムへの移行に向けた調査等事業
・国が整備するガバメントクラウド上でアプリケーション事業者が提供する標準準拠システムへの移行事業

に係る取組を支援するものである。

また、地方公共団体情報システム標準化基本方針（令和４年10月７日閣議決定。以下「基本方針」という。）において目標時期が令和７年度とされていることを踏まえ、本補助金は、令和７年度までの取組を支援することとしている。

なお、ガバメントクラウド以外の環境（オンプレミスを除く。以下同じ。）へ移行する場合においては、①ガバメントクラウドと性能面・経済合理性等を定量的に比較した結果を公表するとともに、継続的にモニタリングを行うこと、②ガバメントクラウドと接続し、ガバメントクラウド上の標準準拠システム等と、必要なデータを連携させることを可能とすることを条件に、例外的に本補助金の対象とする。

（※）対象となる基幹業務システムは、地方公共団体情報システムの標準化に関する法律第二条第一項に規定する標準化対象事務を定める政令（令和４年政令第１号）において規定されている以下の20業務に係るシステムである。

児童手当、子ども・子育て支援、住民基本台帳（外国人含む。）、戸籍の附

票、印鑑登録、選挙人名簿管理、固定資産税、個人住民税、法人住民税、軽自動車税、戸籍、就学、健康管理、児童扶養手当、生活保護、障害者福祉、介護保険、国民健康保険、後期高齢者医療、国民年金

（令和４年10月更新）

Ｑ２　令和７年度までに標準準拠システムを導入して、令和８年度以降にガバメントクラウドに移行する場合は、補助の対象となるか。

Ａ２　本補助金の交付に当たっては、令和７年度までに、ガバメントクラウド上で提供される標準準拠システムに移行することが前提と考えており、令和８年度以降のガバメントクラウドへの移行を前提とした標準化に要する経費は、本補助金の対象とならない。

（令和４年10月更新）

Ｑ３　標準準拠システムをオンプレミスで導入する場合のシステム移行経費について、本補助金の対象となるか。

Ａ３　オンプレミスで導入する標準準拠システムへの移行に係る経費については、地方公共団体情報システム機構法（平成25年法律第29号）附則第９条の２第１項第１号イにおいて、デジタル基盤改革支援基金による補助金の対象業務とされている「クラウド・コンピューティング・サービス関連技術（官民データ活用推進基本法（平成28年法律第103号）第２条第４項に規定するクラウド・コンピューティング・サービス関連技術をいう。）を活用した情報システムの共同化」に該当しないことから、本補助金の対象とならない。

（令和４年10月更新）

Ｑ４　「国が策定する基準」とは何か。いつ頃示される予定か。

Ａ４　令和４年夏に、各府省において、標準化対象２０業務の標準仕様書が全て公表され、デジタル庁において、地方公共団体情報システムデータ要件・連携要件標準仕様書【第1.0版】（令和４年８月）等、共通事項に関する標準仕様書が公表された。

これらの標準仕様書を基礎として、今後、「地方公共団体情報システムの標準化に関する法律」（令和３年法律第40号。以下「標準化法」という。）に規定する標準化基準（省令）を策定する予定である。なお、省令制定時期については、今後調整していく。

（令和４年10月更新）

２．対象システムについて

Ｑ１　今後新たに標準化の対象システムが追加される場合、戸籍・戸籍の附票・印鑑登録の３業務が追加された際と同様、補助対象に追加されるのか。また、上限額が増額されるのか。

Ａ１　今後の補助金の取扱いについては未定。

（令和４年10月更新）

Ｑ２　地方公共団体が条例・規則等により独自に実施している業務に係るシステムは補助の対象となるか。

Ａ２　地方公共団体独自の業務に係るシステムのうち、各標準仕様書において標準化対象事務と位置づけられ、パラメータ処理等により標準準拠システムの一部とされたものについては、標準準拠システムとして補助対象となる。それ以外の地方公共団体独自の業務に係るシステムは、標準仕様がないため基準への適合は要しないが、住民記録や税などの標準化対象システムとシステム連携している場合には、標準準拠システムへの移行に伴い独自業務に係るシステムとの連携プログラムに必要な修正が生ずることが見込まれ、当該連携に要する経費については本補助金の対象となるものと考えている。

（令和４年10月更新）

Ｑ３　地方公共団体の独自の業務について、標準化対象となる基幹系システムと連携しているものも多いが、これらの独自システムについてガバメントクラウドを活用して利用することも可能か。その場合のガバメントクラウドへの移行経費は補助の対象となるか。

Ａ３　地方公共団体情報システムのガバメントクラウドの利用に関する基準【第1.0版】（令和４年10月）によれば、ガバメントクラウドに構築可能なシステムは、「標準準拠システム」及び「関連システム」であり、「関連システム」として、標準準拠システムと業務データのＡＰＩ連携等を行うシステムの他、標準準拠システムと同じくガバメントクラウドに構築することが効率的であると地方公共団体が判断するシステムについて広く対象とすることとされている。

関連システムのうち、標準準拠システムと業務データのAPI連携等を行うシステムについては、当該システムのガバメントクラウドの活用有無にかかわらず、標準準拠システムとの円滑な連携に要する経費として本補助金の対象となる。

（令和４年10月更新）

３．自治体クラウド等について

Ｑ１　ガバメントクラウドを活用せず、自治体クラウドなどガバメントクラウド以外のクラウドを活用して標準準拠システムへの移行を行う場合も補助の対象となるか。

Ａ１　ガバメントクラウドを活用する場合には、最新のセキュリティ対策、コストの低減等が実現されるほか、全国的な新しいサービスの早期提供等についても期待できるところであり、本補助金の交付に当たっては、ガバメントクラウドの活用を前提としている。

基本方針では、標準準拠システムの利用において、ガバメントクラウドの利用を第一に検討すべきであるが、ガバメントクラウドと比較して、当該自治体クラウド等の方が、性能面や経済合理性等を比較衡量して総合的に優れていると判断する場合には、標準準拠システムをガバメントクラウド以外の環境で導入することを妨げないとされていることから、①ガバメントクラウドと性能面・経済合理性等を定量的に比較した結果を公表するとともに、継続的にモニタリングを行うこと、②ガバメントクラウドと接続し、ガバメントクラウド上の標準準拠システム等と、必要なデータを連携させることを可能とすることを条件に、例外的に、ガバメントクラウド以外の環境へのシステム移行経費も補助対象となる。

（令和４年10月更新）

Ｑ２　ガバメントクラウドと性能面・経済合理性等を定量的に比較した結果とは具体的にどのような比較を行うことか。

Ａ２　ガバメントクラウドの利用は努力義務とされており、ガバメントクラウドの利用を第一に検討すべきところ、その上でガバメントクラウド以外の環境を利用することについては、当該地方公共団体として説明責任を果たす観点から、各地方公共団体において判断されることが望ましいと考える。例えば、標準準拠システムが非機能要件の標準を満たすことについて支障がない環境であることを提示し、ガバメントクラウド上の標準準拠システム等と、必要なデータ連携を行えるなど、性能面でガバメントクラウドと同様であることを示すとともに、先行事業における投資対効果の分析と同様の項目による経済合理性の提示を行うことが想定される。

（令和４年10月更新）

Ｑ３　公表とは誰に対して公表するのか。また、モニタリングの期間は、どの程度を想定しているのか。

Ａ３　説明責任を果たす観点から、ホームページ等で広く結果を公表することを要件とする。モニタリングについては、一般的なシステム更新期間が５年間であることから、補助金等に係る予算の執行の適正化に関する法律（昭和30年法律第179号）の趣旨も踏まえ、５年間程度の継続的な実績の公表を想定している。

なお、補助金の申請時には、公表やモニタリングの実施に向けた取組等に関する疎明資料の提出を求めることを想定している。
（令和４年10月更新）

Ｑ４　比較結果、モニタリング結果の妥当性は誰が判定するのか。また、変更は認められるのか。
Ａ４　ガバメントクラウド以外の環境との比較結果及びモニタリング結果の妥当性についての説明責任は、地方公共団体が有するものと考えている。
（令和４年10月更新）

Ｑ５　「ガバメントクラウド上の標準準拠システム等と連携させることを可能とすること」とはどのような状態を実現すればいいのか。
Ａ５　ガバメントクラウド上のシステムと情報連携できるよう実装することが必要となる。具体的には、ガバメントクラウド上の標準準拠システムやＶＲＳのように国が構築し、地方公共団体の基幹業務システムとデータ連携することを想定したシステムに対してガバメントクラウド以外の標準準拠システムから情報連携可能なように、ガバメントクラウド以外の環境とネットワーク接続することなどが想定される。
（令和４年10月更新）

Ｑ６　「ガバメントクラウド上の標準準拠システム等と連携させることを可能とすること」とはシステムとネットワークを維持しなければならないのか。
Ａ６　補助金の申請に当たっては、例えば連携させる際の手法・連携までのスケジュール等を記した計画書など、ガバメントクラウドの標準準拠システム等（国が立ち上げるＶＲＳ等のような緊急サービスを含む。）とデータ要件・連携要件に従って遅滞なく連携させることに対応する旨の疎明資料の提出を求めることを想定している。
（令和４年10月更新）

Ｑ７　既に自治体クラウドを実施している地方公共団体は、今後、標準化・共通化をどのように進めていくべきか。
Ａ７　現在、自治体クラウドを実施している団体は、共同調達による契約事務等の負担軽減など、その枠組みのもたらすメリットを標準化・共通化においても生かすことが期待されるところであり、ガバメントクラウドの利用を第一に検討すべきであるが、ガバメントクラウドと比較して、当該自治体クラウドの方が、性能面や経済合理性等を比較衡量して総合的に優れていると判断する場合には、標準準拠システムをガバメントクラウド以外の環境で導入することを妨げない。
（令和４年10月更新）

４．申請主体について

Ｑ１　都道府県も申請主体となることができるか。
Ａ１　標準化の対象である20業務のうち生活保護及び児童扶養手当については、生活保護システム標準仕様書【第1.0版】（令和４年８月）及び児童扶養手当システム標準仕様書【第1.0版】（令和４年８月）において、都道府県が処理する事務に係るシステムについても、標準化対象とされたことから、都道府県においても、これらのシステムについて、令和７年度までに標準準拠システムへの移行を目指すこととなったことを踏まえ、今般、これらのシステムに係るガバメントクラウド又はガバメントクラウド以外の環境へのシステム移行経費に関する上限額を別紙のとおり定めた。
（令和４年10月更新）

Ｑ２　標準化対象事務について、市町村（特別区を含む。以下同じ。）間で広域連合や一部事務組合（以下「広域連合等」という。）を設置して共同処理し、システムも広域連合等において調達・運用しているが、広域連合等が申請主体となることができるか。
Ａ２　広域連合等において標準化対象事務を共同処理している場合には、当該事務処理に要する経費は構成市町村からの負担金を収入に充てていると考えられ、標準準拠システムへの移行に要する経費に係る負担金相当額について、本補助金の対象となると考えている。
したがって、申請者としては市町村で統一している。
（令和４年10月更新）

Ｑ３　近隣又は遠隔地の市町村との間でシステムの共同利用を実施している場合、本補助金の申請主体は誰か。
Ａ３　複数市町村でシステムの共同利用を実施している場合、各市町村がそれぞれ負担する一時経費（導入経費）について、各市町村が申請主体となる。

Ｑ４　各市町村が計画的かつ円滑に移行することができるよう、都道府県において、複数の市町村からの要請を受けて移行計画の策定等をまとめて行ったり、市町村の移行計画策定等の支援を実施したいと考えているが、当該支援経費について、都道府県が「調査研究等準備経費」を申請することは可能か。
Ａ４　各市町村の現行システムの分析や分析結果を踏まえた事務運用等の検討、移行計画の策定等にあたって、都道府県が全体の進行管理役を担い人材支援等を行ったり、都道府県が一括して委託契約を締結し、受託事業者が対象市町村の現行システムの分析等を行ったりすることも考えられる。
その場合の当該支援経費については、各市町村からの負担金等を収入として充てることとし、各市町村の負担金相当額を本補助金の対象として、各市町村から申請いただきたい。

なお、都道府県が事務の実施主体として処理するシステム（生活保護や児童扶養手当システム）に関する都道府県のシステムの移行計画等の移行経費は、補助対象経費となる。

（令和４年10月更新）

５．補助対象経費

Ｑ１　補助対象経費や補助対象外経費は、具体的にどのような経費が該当するか。

Ａ１　以下のとおり。

＜補助対象経費について＞

Ａ）調査等準備経費

各府省が作成する標準仕様書等と現行システムに係る仕様との差異の洗い出し、業務プロセス・他システムへの影響範囲の特定を行う目的で実施する現行システムの実態調査、これらを踏まえた標準準拠システムに基づく事務運用等の見直し検討、システム更新時期等を踏まえた移行計画作成等について、円滑な準備を行うための外部コンサルタント等の活用に要する経費

Ｂ）文字の標準化・データ移行等に要する経費

現行システムで使用している外字と文字情報基盤文字との同定作業（文字同定支援ツールの購入を含む。）、ガバメントクラウド又はガバメントクラウド以外の環境へのデータ移行作業（データ移行ツールの購入を含む。）、データクレンジング（データベースの中から移行後のシステムや運用に影響を与える誤りや重複を洗い出し、必要に応じてデータを修正すること。）等に要する経費

Ｃ）環境構築に要する経費

ガバメントクラウド又はガバメントクラウド以外の環境上で提供される標準準拠システムの稼働環境への接続設定、ガバメントクラウド以外の環境とガバメントクラウドとの接続設定、標準準拠システムの利用に必要なパラメータ設定など必要な初期設定作業等に要する経費

Ｄ）テスト・研修に要する経費

標準準拠システムに係る一連のテストや操作研修の実施等に要する経費

Ｅ）関連システムとの円滑な連携に要する経費

標準準拠システムと関連システム（標準準拠システムと業務データのＡＰＩ連携等を行うものに限る。）との間の連携プログラム等の修正、当該関連システムがガバメントクラウド又はガバメントクラウド以外の環境上で提供される場合の稼働環境への接続設定、連携テスト等に要する経費

Ｆ）契約期間中における既存システムの整理に要する経費

令和７年度までに標準準拠システムに移行するために必要となる現行システムに係る契約期間の変更等を行う場合に不可避的に発生する追加的な経費（リース残債等）

＜補助対象外経費について＞

Ａ）アプリケーション利用料（アプリケーション開発に相当する経費を含む。）やリース料等の運用経費

Ｂ）事務運用の見直しに伴うＡＩ・ＲＰＡの導入等に要する経費

Ｃ）条例・規則等の改正、ＰＩＡ実施に要する経費

D）地方公共団体職員に係る人件費（時間外手当を含む。）
E）地方公共団体職員に係る旅費
F）諸謝金（調査研究等準備経費に含まれるものを除く。）
G）一般事務費（通信運搬費、資料等印刷経費等）
（令和４年10月更新）

Ｑ２　自治体情報システムの標準化・共通化に係る手順書【第1.0版】（令和３年７月７日総務省。以下「手順書」という。）が示されたが、手順書で示された作業手順どおりに進めることが、本補助金の要件となるのか。

Ａ２　手順書については、各地方公共団体が、令和７年度までの標準準拠システムへの移行を計画的に進めることができるよう、想定される作業手順をお示ししたものであり、本補助金の活用に当たっての要件になるものではない。各地方公共団体の移行スケジュールの検討に際して適宜参照いただきたい。

なお、手順書で示した作業手順を基礎として、総務省が関係府省と連携して今後の自治体の進捗管理を行う予定である。
（令和４年10月更新）

Ｑ３　事業者が提供するオールインワンパッケージシステム（標準準拠対応）へ移行する場合や、補助対象となる業務システムと当該システムの関連システムを一体として移行する場合、対象経費をどのように算出すべきか。

Ａ３　オールインワンパッケージを導入する場合や、複数の業務システムの整備について一括して調達する場合にも、事務処理要領（１）②で示す補助対象の業務システムに係る対象経費を各システムで按分するなどし、それぞれで算出するようにしていただきたい。
（令和４年10月更新）

Ｑ４　標準準拠システムの導入にあわせて、業務改革（ＢＰＲ）を実施しようと考えているが、ＢＰＲの実施に係る経費は補助の対象になるか。

Ａ４　ガバメントクラウド上の標準準拠システムへの移行を視野に、令和７年度までの移行計画を作成するのにあわせて、標準仕様と現行システムに係る仕様との差異を踏まえた事務運用の見直しを検討する場合の委託経費等は、本補助金の対象となる。ただし、ＢＰＲの実施のためにＡＩやＲＰＡ等を導入する経費等については、本補助金の対象とならない。

Ｑ５　環境構築に要する経費として想定されている初期設定作業等とは、どのようなものを想定しているのか。

Ａ５　ガバメントクラウド又はガバメントクラウド以外の環境上で標準準拠システムを利用するための稼働環境への接続設定やガバメントクラウド以外の環境とガバメントクラウドとの接続設定のほか、標準準拠システムを利用するために必要な運用管理ユーザや機能等のパラメータ設定、データベース接続環境の設定等に要する経費（端末、ネットワーク機器の設定を含む。）を想定している。

（令和４年10月更新）

Ｑ６　関連システムとの円滑な連携に要する経費の「関連システム」とは何か。

Ａ６　ガバメントクラウド又はガバメントクラウド以外の環境上に構築することができるとされている、標準化対象システムと業務データのＡＰＩ連携等を行うシステムについては、当該システムのガバメントクラウドの活用有無にかかわらず、標準準拠システムとの円滑な連携に要する経費として本補助金の対象となる。

（令和４年10月更新）

Ｑ７　契約期間中における既存システムの整理に要する経費の「既存システム」とは何か。

Ａ７　標準化対象事務に係るシステムを指す。

Ｑ８　ガバメントクラウドの活用に当たり、庁内ネットワークの改修が必要と考えているが、その経費は補助の対象となるか。

Ａ８　ガバメントクラウド接続サービス又は地方公共団体が調達する回線を導入するにあたり、地方公共団体の庁内ネットワークの改修に要する経費については、接続設定に関する費用として、補助対象となる。

（令和４年10月更新）

Ｑ９　システムの更改時期が令和８年度以降のケースで、令和７年度までに長期契約を解約して標準準拠システムへ移行しようとする場合、契約解除に伴う違約金はどこまで補助の対象となるか。

Ａ９　現行契約の解約に伴うサーバのリース残債など令和７年度までの標準準拠システムへの移行に当たって、不可避的に発生する経費を対象とし、具体的には、次のとおり。

・ガバメントクラウドやガバメントクラウド以外の環境への移行に伴い発生する現行システムに関するサーバのリース残債又は廃棄経費（地方公共団体がサーバを買い取っている場合）

・ガバメントクラウドやガバメントクラウド以外の環境への移行によって発生する現行システムの契約解除に伴う違約金等の追加的経費

なお、その上限額は別途定める。

（令和４年10月更新）

Q10　事業者による標準準拠システムの提供が始まる前に現行システムの更改時期を迎えることが見込まれており、現時点では、これまでと同様の更改により５年間の契約を締結せざるを得ないと考えているが、その結果次回の更改時期が令和８年度以降となるとしても、標準準拠システムへ移行するため令和７年度までに当該契約を解約する場合のリース残債等は、補助の対象となるか。

Ａ10　現行システムの利用延長を原則とするが、利用延長を検討した上で、現行システムのＯＳ保守期限満了などの理由により、やむを得ず契約更改を行う必要がある場合に限り、移行の目標時期である令和７年度末までに当該契約を解約する場合のリース残債等についても、補助上限額の範囲内において補助対象とする（補助金の交付申請の際には、契約更改が必要な真にやむを得ない理由の疎明資料（現行システム延長検討記録など）の提出を求める。）。

（令和４年３月更新）

Ｑ11　事業者による標準準拠システムの提供が始まる前にシステムの更改時期を迎えることから、１年間機器等の再リースにより現行契約を延長することとしたが、再リースに要する経費についても補助の対象となるか。

Ａ11　現行システムに係る再リースに要する経費については、本補助金の対象にはならない。

Ｑ12　ガバメントクラウド先行事業に参加する予定であるが、①先行事業終了後引き続き現行システム（非標準準拠システム）をガバメントクラウド上で稼働させ、②令和７年度に標準準拠システムに移行する予定である。

この場合、①のアプリケーション利用料やクラウドサービス利用料、②の移行経費は補助の対象になるか。

Ａ12　基本方針を踏まえ、ガバメントクラウド先行事業終了後から標準準拠システムへの移行までの間ガバメントクラウド上で稼働させる場合、（①）のアプリケーション利用料については地方公共団体において負担し、クラウドサービス利用料については、必要な支援について予算編成過程において検討を行う。

また、標準準拠システムへの移行（②）に係る経費については本補助金の対象となる。

なお、ガバメントクラウドの利用に応じて地方公共団体に負担を求めることについて、業務全体の運用コストや利用料等の見通しの情報を明らかにした上で、デジタル庁、総務省、財務省、地方公共団体等が協議して検討を行うとされている。

（令和４年10月更新）

Ｑ13　事業者による標準準拠システムの提供が始まる前に現行のサーバ等のリース契約の終期を迎えるため、令和７年度までの標準準拠システムへの移行も担ってもらう前提で、新たに事業者を選定の上現行システム（非標準準拠システム）の更改を行い、当該事業者に標準準拠システムへの対応を随意契約でお願いする（いわゆるバージョンアップ）予定である。

この場合、①現行システムの更改経費及び②標準準拠システムへのバージョンアップ対応経費のいずれも補助の対象となるか。

A13　本補助金の対象となる、ガバメントクラウド上で事業者が提供する標準準拠システムへの移行事業に該当するのは、②のバージョンアップ対応に要する経費のうち対象経費に該当するものに限られると考えられ、①は本補助金の対象とならない。
（令和４年10月更新）

Q14　事業者による標準準拠システムの提供が始まる前に現行のサーバ等のリース契約の終期を迎えるため、①まず現行システム（非標準準拠システム）をガバメントクラウド上で稼働させた上で、②令和７年度に標準準拠システムに移行する予定である。
この場合、①の現行システムをガバメントクラウドに移行する経費は補助の対象となるか。
A14　原則として、ガバメントクラウド又はガバメントクラウド以外の環境への移行と標準準拠システムへの移行を同時に行うことを想定していることから、それ以外の移行パターンについては、例えば、標準準拠システムの提供が始まる前に現行のサーバ等のリースの契約の終期を迎えるため、現行システムの契約更改をせざるを得ず移行経費が追加的に生じる等、上記原則のとおり移行するとかえって移行経費が高額になる等の真にやむを得ない場合に限り補助対象とする（補助金の交付申請の際には、上記原則以外の移行パターンを選択することが必要な真にやむを得ない理由の疎明資料（移行パターンに応じた費用比較表など）の提出を求める。）。
（令和４年10月更新）

Q15　20業務のシステムについて複数の事業者と契約しており、システムの更改時期が異なるため、①順次標準準拠システムを導入したのち、②令和７年度にまとめてガバメントクラウドへ移行することを予定している。この場合、当面の間、ガバメントクラウドではない環境下で標準準拠システムを利用することとなるが、①の標準準拠システム導入及び②の令和７年度のガバメントクラウドへの移行それぞれの経費について、補助の対象となるか。
A15　令和７年度までのガバメントクラウド上の標準準拠システムへの移行を前提とする限り、本補助金の対象となりうると考えている。なお、補助金申請の際には、事業計画書等において、令和７年度までのガバメントクラウド上の標準準拠システムへの移行に向けたプロセスを明確にしていただきたい。
（令和４年10月更新）

Q16　標準化対象の20業務全てを標準化し、一部業務（例えば15業務分）をガバメントクラウドへ移行し、残りをガバメントクラウド以外の環境に構築する場合、補助対象となるか。
A16　ガバメントクラウドの利用を第一に検討すべきであるが、ガバメントクラウドと比較して、当該ガバメントクラウド以外の環境の方が、性能面や経済合理性等を比較衡量して総合的に優れていると判断する場合には、標準準拠システムをガバメントクラウド以外の環境で導入することを妨げない。ただし、補助金の交付に当たっては、以下の条件をいずれも満たす場合は、ガバメントクラウド以外の環境を活用した標準準拠システムへの移行に要する経費は補助対象とする。

①ガバメントクラウドと性能面・経済合理性等を定量的に比較した結果を公表するとともに、継続的にモニタリングを行うこと

②当該環境とガバメントクラウドを接続し、ガバメントクラウド上の標準準拠システム等と、必要なデータを連携させることを可能とすること

（令和４年10月更新）

Q17　各システムが標準仕様に準拠することについて、誰が、どのように確認するのか。

A17　標準準拠システムの適合性確認については、標準準拠システムを利用する地方公共団体が一義的に責任を有しており、基本方針では、地方公共団体が機能標準化基準に適合しているかどうかの確認を効率的に行うことができるよう、事業者は地方公共団体に提示する標準準拠システムの提案書やマニュアル等において、機能標準化基準に規定される機能ＩＤごとにどの操作・画面において当該機能が実装されているのかを明示するものとされている。また、制度所管府省は、地方公共団体から機能標準化基準の適合性の確認において疑義が生じ、照会があった場合には、速やかに詳細を把握する等し、検討会の場で議論をする等しながら、解釈を示す等の対応を行うこととされている。

（令和４年10月更新）

Q18　補助金の交付決定前に着手すること（事前着手）は可能か。

A18　交付決定の後に事業に着手することが原則であるが、都道府県分に限っては、ベンダ等との相談の結果、早期に着手する必要がある等の事情により令和４年４月１日以降に着手した分の経費であれば、補助対象となり得る（令和４年度に限る。）。

なお、事前着手分の交付申請を行う場合は、事前に地方公共団体情報システム機構（以下「Ｊ－ＬＩＳ」という。）の担当までご相談いただきたい。

（令和４年10月更新）

Q19　自治体情報システムの標準化・共通化に係る手順書において、ＰＭＯを設置しての進捗管理の重要性が記載されているが、ＰＭＯ支援を外部委託する経費は補助対象経費となるか。

A19　自治体情報システムの標準化・共通化の取組における調査等準備経費に該当する場合は、補助対象となる。

（令和４年３月更新）

Ｑ20　標準仕様書と現行システムの仕様との差異の洗い出しやシステム更新時期等を踏まえた移行計画作成等について、現行システムベンダに委託した場合は補助対象となるか。

Ａ20　現行システムの概要調査については、契約しているシステムの状況を把握するものであることから、現行システムベンダへの経費は発生しないものと想定される。また、移行計画作成等についても、基本的には、現行システムベンダへの委託ではなく、外部コンサルへの委託を想定しているが、様々な契約ケースが考えられるため、現行システムベンダと契約した場合でも補助対象となる。ただし、委託内容や金額については十分精査されたい。

（令和４年３月更新）

６．補助額

Ｑ１　交付額はどのように算定すればよいか。

Ａ１　事務処理要領第２（２）「②Ａ）～Ｅ）までの経費」については、都道府県又は市町村の人口規模等に応じて補助基準額の上限額を設定し、それと各地方公共団体からの申請額のうち補助対象経費として認められる額のいずれか低い方の金額を交付額として算定する。

なお、事務処理要領第２（２）「②Ｆ）契約期間中における既存システムの整理に要する経費」については、各団体の現行契約の実情等も勘案した上で、補助交付額の算定方法を別途定める。

（令和４年10月更新）

Ｑ２　補助基準額の上限額とは、単年度当たりか、各年度の合計か。

Ａ２　補助基準額の上限額として示しているのは、１地方公共団体当たりの令和７年度までの補助金の合計の金額である。

Ｑ３　補助基準額の上限額のほか、事務処理要領（２）②Ａ）～Ｆ）までの項目ごとの上限額や補助の基準はあるか。

Ａ３　項目ごとの上限額や補助の基準は定めていない。補助基準額の上限額の範囲内で、各地方公共団体において適切に補助金を活用されたい。

Ｑ４　補助金の適切な活用にあたって、留意すべき事項はあるか。

Ａ４　手順書を参照しながら標準化・共通化にあたって必要な手続や機能を精査した上で、令和７年度までの事業計画書を作成・提出していただきたい。また、補助金申請に係る所要額については、複数ベンダから見積りを徴取する、ベンダの見積り額の精査にあたって見積金額の妥当性を確認できるよう作業内容、職種、工程、工数、単価等の積算内訳を明確化する等により、経費の妥当性を判断していただきたい。

Ｑ５　今後、補助基準額の上限の算定方法を改正する予定はあるか。

Ａ５　５．Ａ９のとおり違約金等の上限額を別途定めることとしているほか、令和４年度末のマイナンバーカードの交付率等を勘案し、令和５年度において、補助基準額の上限の算定方法の改正を行い、補助金額の上限を加算する方向で検討を行っている。

（令和４年10月更新）

Ｑ６　「令和４年度末のマイナンバーカードの交付率等を勘案」とはどのようなことを検討しているのか。

Ａ６　標準準拠システムへの移行において、マイナンバーカードの交付数が多いほど、カード利用を前提とした関連機器の増強が必要となり、それに伴って標準準拠システムにおける関連機器との「連携に係るプログラム修正等」が増加することも想定されることから、「Ｅ）標準準拠システムと関連システムとの円滑な連携に要する経費」等が増加することなどを勘案する方向で検討を行っている。

（令和４年10月更新）

Ｑ７　どのような算定方法で補助基準額の上限を加算する想定なのか。

Ａ７　令和４年度末における一定以上のマイナンバーカード交付率※の団体に対し、一定の計算式に基づき、上限額を加算することを想定している。

※マイナンバーカード交付率＝

マイナンバーカード交付数（令和５年３月31日時点）/住民基本台帳人口（令和４年１月１日時点）

（令和４年10月更新）

Ｑ８　現在示されている補助基準額の上限が減額されることはあるのか。

Ａ８　減額されることはない。

（令和４年10月更新）

７．手続

Ｑ１　複数年にわたって本補助金による支援が受けられるのか。
Ａ１　地方公共団体が複数年にわたって計画的に取組を進めることが可能となるよう、本補助金はＪ－ＬＩＳに基金を造成しており、補助額の合計が地方公共団体ごとに設定された上限額に達するまでの間、事務処理要領（１）①の対象事業ごとに、必要な経費を申請することができる。

Ｑ２　移行経費について、複数年度にまたがる契約となることが見込まれるが、開始年度に一括して申請する必要があるか。
Ａ２　事業開始年度に一括で申請するのではなく、毎年度、当該年度で必要な経費を申請する。

Ｑ３　いつでも申請できるのか。
Ａ３　交付申請に係るスケジュールについては、毎年度通知する予定である。
（令和４年３月更新）

Ｑ４　交付申請にあたって必要となる添付資料は何か。
Ａ４　事業計画書、補助事業に要する経費の見積書を添付していただきたい。
（令和４年10月更新）

Ｑ５　「事業計画書」にはどのような内容を記載すればいいのか。
Ａ５　事業計画書の作成に当たっては、
・　ガバメントクラウド又はガバメントクラウド以外の環境上で提供される標準準拠システムへの移行スケジュール（事業実施期間（令和７年度までの間に設定）、各年度の大まかな事業内容）
・　申請年度の具体的な事業内容・交付申請額
（事務処理要領第２（２）「②補助対象経費」の各項目に合うよう、対象システムを明示の上、事業内容を記載）
・ ガバメントクラウド以外の環境への移行の場合は、移行スケジュールに加えて、①ガバメントクラウドと性能面・経済合理性等を定量的に比較した結果を公表するとともに、継続的にモニタリングを行うこと
・ ②当該環境とガバメントクラウドを接続し、ガバメントクラウド上の標準準拠システム等と、必要なデータを連携させることを可能とすることの要件を満たすこと

などを記載いただきたい。
（令和４年10月更新）

Ｑ６　既に交付決定を受け、２年目以降にも交付申請を行いたい場合には、どのようなことに留意すればよいか。

Ａ６　事業計画書について、移行スケジュールの事業実施期間や事業内容等の変更箇所がわかるよう明示した上で、交付申請書と併せ、提出いただきたい。
　なお、額の合計が補助上限額を超えないように注意すること。

Ｑ７　年度内に事業が完了しない場合、繰り越しは可能か。
Ａ７　毎年度必要な経費を申請することとしており、取扱要領第７条の規定により、事業実施期間や内容の変更等の変更承認申請を行った上で、当該申請年度内に事業を完了することが原則である。
　ただし、各団体において、やむを得ない事由により補助事業が予定の期間内に完了することができないと見込まれる場合は、第８条の規定による補助事業遅延報告書をＪ－ＬＩＳに提出した後、Ｊ－ＬＩＳが認めた場合に繰越すことができる。

Ｑ８　令和７年度までに、標準準拠システムやガバメントクラウドへの移行ができなかった場合には補助金の返還は必要か。
Ａ８　本補助金は、令和７年度までに、地方公共団体が、原則としてガバメントクラウド上で提供される標準準拠システムへ移行するための取組を支援するものであり、移行スケジュールに沿って計画的に取組を進めていただきたい。
（仮に、正当な理由なく令和７年度までの移行ができなかった場合には、交付決定の取消しや補助金の返還等が必要となる場合がある。）
（令和４年10月更新）

Ｑ９　複数年の委託契約を締結する場合の交付申請の手続はどうしたらよいか。
Ａ９　複数年契約を予定している場合は、交付申請の際に、予定している当該複数年分の事業計画書及び見積書を添付すること。その上で、交付申請額は毎年度、当該年度に要する経費分のみを申請すること。
（令和３年10月更新）

住民行政の窓増刊号（通巻517号）

地方公共団体情報システムの標準化に関する資料集

令和５(2023) 年１月10日　発 行

編集協力　市町村自治研究会
編　　者　住民行政の窓編集部
発 行 者　和　田　　裕

発 行 所　日本加除出版株式会社
本　　社　〒171-8516
東京都豊島区南長崎３丁目16番６号

組版・印刷　㈱亨有堂印刷所　　製本　藤田製本㈱

落丁本・乱丁本は当社にてお取替えいたします。
お問い合わせの他、ご意見・感想等がございましたら、下記までお知らせください。

〒171-8516
東京都豊島区南長崎３丁目16番６号
日本加除出版株式会社　営業企画課
電話　03-3953-5642
FAX　03-3953-2061
e-mail　toiawase@kajo.co.jp
URL　www.kajo.co.jp

Printed in Japan
ISBN 978-4-8178-4857-4
ISSN 1340-6612

その地名の由来をご存知ですか？

明治・昭和・平成の大合併で激変した日本地図

市町村名のつくり方

今尾恵介 著

2020年11月刊 四六判 224頁 定価1,870円(本体1,700円) 978-4-8178-4693-8

明治・昭和・平成の大合併時になぜその地名を選択したのか？

● 見やすい豊富な地形図から、その地名の特徴や郷土の歴史を紹介しつつ、各時代で行われてきた合併によって、消滅した市町村名の事情や魅力を紹介。また、新しく作られた市町村名の成り立ちや変遷に迫る！

はしがきより

私の主張は単純で、「歴史的地名が将来にわたって引き継がれていくこと」が重要だと思っている。そのために実際にどうするかは個々に難しい問題もあるが、本書に掲げた多数の事例から、あるべき自治体の名称について少しでも考えていただく機会となれば幸いである。

好評既刊

地形図を楽しむためのヒント集！

地形図でたどる日本の風景

今尾恵介 著

2019年10月刊 四六判 188頁 定価1,760円(本体1,600円) 978-4-8178-4592-4

地形図と写真から日本全国の駅名の謎と秘密を探る！

日本全国駅名めぐり

今尾恵介 著

2018年6月刊 四六判 192頁 定価1,540円(本体1,400円) 978-4-8178-4482-8

日本加除出版
〒171-8516 東京都豊島区南長崎３丁目16番６号
TEL (03) 3953-5642 FAX (03) 3953-2061 (営業部)
www.kajo.co.jp